Sonderausgabe Nr. 11:

Eine Abhandlung über das Tepaphon
Der Strahlenapparat der FOGC

Johannes H. von Hohenstätten

Mein Dank geht an Peter Windsheimer für das Design des Titelbildes. Des Weiteren an Ariane und Michael Sauter.

Für Schäden, die durch falsches Herangehen an die Übungen an Körper, Seele und Geist entstehen könnten, übernehmen Verlag und Autor keine Haftung.

Copyright © 2016 by Christof Uiberreiter Verlag
Waltrop Germany

© 2016
Herstellung und Verlag:
BoD – Books on Demand, Norderstedt.
ISBN: 9783743141308

Alle Rechte, auch die fotomechanische Wiedergabe (einschließlich Fotokopie) oder der Speicherung auf elektronischen Systemen, vorbehalten
All rights reserved

Vorwort:

Im Original-Frabato steht auf Seite 45: *„Die Versammlung der Logenbrüder nahm ihren Fortgang. Nach kurzer Übereinkunft brachte Bruder Schriftführer aus der Kammer für magische Geräte ein Tepaphon, das er in der Mitte des Saales aufstellte. Dieses Tepaphon war ein magischer Strahl-Apparat, mit dessen Hilfe man Todesstrahlen auf Entfernung aussenden konnte. Diese war eine Erfindung der F.O.G.C. und wurde als großes Geheimnis streng gehütet. Mit Hilfe des normalen elektrischen Stromes konnte beim Tepaphon eine so hohe Spannung erreicht werden, dass seine überaus feinen Elektro-Ätherwellen auf den Körper und in erhöhtem Maße indirekt sogar auf die Seele eines Lebewesens einwirkten. Stellte man in den Strahlenbrennpunkt ein Bild oder eine Statue eines lebenden Menschen, Tieres oder einer Pflanze, dann wurde nicht nur der Körper beeinflusst, sondern auch die Seele, ohne Rücksicht darauf, wo sich das Versuchsobjekt gerade aufhielt. Selbst die Stimmung – Laune – des Betroffenen spielte bei dieser magischen Fern-Bestrahlung überhaupt keine Rolle. Die Strahlen dieses Apparates wären so fein und durchdringend, dass man sie in konzentrierter Form als leitende Strahlen benutzten konnte. Außerdem hatten diese ätherischen Strahlen die Eigenschaft, chemische Elemente zu zersetzen, und ähnlich wie das Radio auf die Empfangs-Apparate einwirkt, konnten auch diese Strahlen bestimmte chemische Änderungen bei verschiedenen Dingen herbeiführen. So z. B. konnten mit Hilfe dieses Apparates Vergiftungen, Nervenschwächen und ähnliche Erkrankungen auf Entfernung hervorgerufen werden, die dann für die medizinische Wissenschaft ein unenthülltes Rätsel blieben. Desgleichen ließen sich mit diesem Apparat Gedanken übertragen, wobei die Herstellung des magischen Kontaktes die Hauptsache war. Ein Bild oder ein Brief genügte zumeist für die Kontaktherstellung mit dem Betroffenen und seine Beeinflussung auf Entfernung war möglich."*

*

Als ich das zum ersten Mal las, war ich aufs Höchste erregt. Ich wollte mehr darüber erfahren. Das geschah ein Jahr später, als wir bei Anion auf Besuch waren. Er drückte uns den Band „Enthüllte Archive geheimer Wissenschaften" in die Hand, wo wir folgendes vorfanden:

Die Behandlung mit dem Tepha (Tepaphon).

„*Das Tepha ist ein Holzkasten, der außer Batterie oder Akkumulator noch eine Vorrichtung enthält, das Bild oder die Zeichnung in einen elektrischen Stromkreis einzuspannen. Die gebräuchliche Stromstärke sind 28 Volt. Die magische Handlung ist die gleiche, wie sie schon beschrieben worden ist. Nur wird bei der Verhängung das Bild in den Stromkreis eingeführt, d. h., je einer der beiden Drähte wird nun eine Saugfläche oder eine Strahlungsfläche oder auch der Sammelstellen gezogen und zwar so, dass er links- und rechtsseitig angeschlossen wird. Das Ende des Drahtes wird zurückgebogen, dass sich die Drahtenden nicht unmittelbar berühren können. Beide Schläfen oder Brustwarzen, Stirnfeld oder Geschlechtsfläche geben eine Verbindung ab. Ebenso linke oder rechte Gehirnseite oder linke oder rechte Hand. Letztere nur dann, wenn dieselbe nicht zusammen an einer Körperstelle gehalten worden sind. Die Festigung vermittels geknoteter Schnur unterbleibt hier. Nur den Kasten fest verschlossen und nicht eher öffnen, bevor nicht die Lösung erfolgt ist. Die angegebenen Körperstellen stellen sich als die wirksamsten Punkte heraus und aller Erfolg wäre durch sie möglich. Das Tepha arbeitet, sofern das Bild oder die Zeichnung unter richtiger Konzentration auf die Person und Zweck der Handlung eingeführt wird, allein weiter. Dies hat den Vorteil, dass man mehrere Angelegenheiten magisch bearbeiten kann, und zwar zu gleicher Zeit. Zu jeder Sache natürlich ist ein anderes Tepha erforderlich. Der Stromverbrauch bleibt minimal, weil sich ja die Drahtenden nicht berühren und die Verbindung durch das dazwischen befindliche Körperstück hergestellt wird.*"

Aber das war noch nicht alles. Richtig erstaunt war ich, als ich im „Habu Cadis" – dem Logenbuch der 99er – Nachstehendes las (S.7): „*Hast Du Dich mit der hartnäckigsten Person bereits sieben Tage bemüht, sie unter Deinen Willen zu zwingen, so gebrauche folgendes: Verschaffe Dir ein Lichtbild von der Person, ob alt oder neu ist nebensächlich, dazu eine Taschenlampenbatterie, falls Du es Dir leisten kannst, einen kleinen Akkumulator, mehrere Enden Kupferdraht (zwei Stücke). Den Kupferdraht (zwei Stücke) wickelst Du mit einem Ende je an ein Leitungsblech der Batterie oder Klemme des Akkumulators. Das andere Ende führst Du rechts und links in das Lichtbild ein, sodass das Bild die Verbindung beider Drähte herstellt. Der Anschluss des Bildes an den Strom kann jedoch erst nach der Konzentrierung Deines Willens auf die betreffende Person stattfinden. Wenn Du fühlst, dass Du die Person in Deinen Willen eingeschlossen hast, dann schließe den Stromkreislauf mit dem Befehl zu kommen. Es ist aber gut, wenn Du das Ganze in den Tischkasten anordnest, damit es so liegen bleiben kann, auch wenn Du nicht mehr im Zimmer bist. Auch darf keine fremde Person die Sachen berühren oder andere Sachen darunter- oder dazwischenlegen. Du kannst jetzt ruhig davongehen. Die Person bleibt unter Deinem Willenseinfluss, bis Du das Bild aus dem Stromkreis entfernst. Nimm es aber nicht eher heraus, als bis der Befehl richtig ausgeführt ist. Dann erst befreie die Person davon. Durch diese Behandlung zwingst Du den stärksten Menschen darnieder, wenn er nicht im Besitze der Geheimnisse ist."*

*

S. 14-15 steht im obigen Buch unter „Beeinflussen mittels Tepha" eine etwas erweiterte Handlung, die schon mehr in die Tiefe geht: *„Wer die Handlung „Wandern" noch nicht richtig beherrscht, aber doch in die Lage kommt, irgendeine Person beeinflussen zu müssen, mittels des Stromkreises, der beachte folgendes: Der kleine oder große Stromkreis, eben das „Tepha" muss in einer Schublade des Tisches oder Schrank, Kommode, so aufgestellt werden, dass er auch beim Zuschieben nicht aus seinem Stande verrückt wird. Am besten ist es, man bezieht ein fertiges „Tepha" oder den „Tepha"-Tisch, der sieben Tephas enthält. Preise auf Anfrage. Wer es sich selbst herstellt, beachte die Herstellungsweise. Zuerst wird der Kasten mit schwarzer Seide ausgeschlagen. Dann ordnet man den Akkumulator oder Batterie, am besten drei Batterien, an. Befestigt die Kupferdrähte. Zwischen Lichtbild und Batterie kommt die Räucherschale zu stehen. Räuchermittel: Strompulver 1-19. Mars stärkt den Willen des Betreffenden, Saturn schwächt den Willen des Betreffenden. Die Pulver 1-19 richtet sich nach dem jeweiligen Tierzeichen des betreffenden Tages. Mars = Dienstags, Saturn = Sonnabends usw. Der Adminar liefert die nötigen Strompulver fertig gemischt. Nun lege drei oder sieben Stück Holzkohle in die Räucherschale, schütte Brennspiritus darauf und zünde es an. Ist volle Glut entstanden, dann schütte Räucherpulver darauf. Nun konzentriere Dich auf den Betreffenden und schließe durch das Lichtbild den Stromkreis. Täglich schütte dann zur betreffenden Planetenstunde Räucherpulver auf und sende die Formel durch Konzentration.*

82. Tragen des Schutzzeichen.

Bei allen magischen Handlungen ist von Vorteil, wenn das Sonnengeflecht durch einen Talisman oder Pentagramm geschützt wird. Zu letzteren kauft man bei einem Buchbinder Tier-Pergament, Größe 3x7 cm und zieht dann mit schwarzer Tusche unter stärkster Konzentration der Abwehr Gedanken, in einem Zuge das Fünfeck. Zwar in aufrechter Form. Nun brauchst Du noch zwei weitere solcher Zeichen in gleicher Größe.

83. Pentagramm für die Stirn.

Besteht auch aus Tierpergament 3x7 cm. Auch hier zeichnest Du das Fünfeck mit einem Zuge und schwarzer Tusche auf, jedoch ist der Gedankenbefehl das Gegenteil vom Vorstehenden, denn dieses Fünfeck soll anziehen. Der Gedankenbefehl kann bei der Handlung lauten: „Dies Zeichen soll alle heranziehen, die ich brauche und meinen Willen erfüllen!" Getragen wird dieses Fünfeck verkehrt (Spitze abwärts) an der Stirn, bei jeder magischen Handlung, die mit Räucherungen zusammenhängt. Wenn Du also an das arbeitende Tepha trittst, so habe dieses Schutzzeichen auf der Stirn und stets eins auf dem Sonnengeflecht."

*

Wenn ich nicht intensiv nach weiterer Literatur gesucht hätte, wäre ich niemals auf Folgendes gestoßen. Der Heilpraktiker Oskar Korschelt war nämlich der offizielle Erfinder und wurde durch seine Erfindung des Strahlenapparates steinreich. Meine Vermutung geht sogar soweit, zu behaupten, Korschelt wie den Heilpraktiker und Saturni-Meister Hans Müller als Mitglied der FOGC zu bezeichnen. Korschelts Philosophie in dem Werk „Sonnen-Äther-Strahl-Apparat" ist außerordentlich mittig abgestimmt und man merkt sofort, dass seine Anschauung auf einer hermetischen Grundlage aufgebaut ist.

Er studierte in Japan Chemie und wurde nach seiner Rückkehr mit dem Heilmagnetismus bekannt, welcher noch den Namen „tierischer Magnetismus" von seinem Begründer F. A. Mesmer hatte. Korschelt soll von der Wirkung der Lebenskraft so erstaunt gewesen sein – so behauptet er –, dass er weitere Forschungen betrieb. Er stellte fest, dass er selbst über magnetische Fähigkeiten, besser ausgedrückt, über okkulte Fähigkeiten verfügte. Er konzentrierte sich dann auf die Heilung der Patienten. Hypnose schloss er als Vergewaltigung des Geistes aus, was schon ein hohes Wissen

abverlangte, denn damals wurde viel mit Hypnose und magnetischen Schlaf gearbeitet.
Aber nun mehr von Oskar Korschelt: Geb. 1853 in Berthelsdorf/Sachsen, verstorben 1940, Studium der Chemie am Polytechnikum Dresden und der Universität Berlin, lehrte in Tokio 1876-1884 und hatte auch mit der japanischen Salzindustrie zu tun. In Japan lernte er das GO-Spiel kennen, über das er mehrfach berichtete. Er schrieb das Buch „Das Japanisch-Chinesiche Spiel GO". Die englische Übersetzung „Theory and Practice of GO" ist noch heute im Buchhandel erhältlich. Gelegentlich taucht in den Publikationen über GO der Name Otto Korschelt auf. Möglicherweise hatte Oskar Korschelt auch den Vornamen Otto und benutzte diesen gelegentlich. Oder es handelt sich um eine andere Person, vermutlich einen Bruder. Otto Korschelt soll Ingenieur gewesen sein und hat sich ebenfalls in Japan aufgehalten und mit GO beschäftigt und war später Professor in Leipzig. Die Ätherstrahlapparate stellte Korschelt auf den verschiedensten Messen und Ausstellungen mit Erfolg vor.
Auch Hans Müller, Mitglied der F.S. und anerkannter Heilpraktiker, schrieb in einem Aufsatz in der Saturn-Gnosis verdeckt über die magischen Wirkungen des Strahlapparates: *„Professor Korschelt erfand den Sonnen-Ätherstrahlen-Apparat, welcher unzweifelhaft physische Wirksamkeit zeigt. Dr. Eckhoff erfand Apparate, die durch Spiralwirkung zweier konträr gelagerter Spiralen aus besonderem Metall auf den Menschen ähnliche Wirksamkeit zeigen. Alle diese Apparate vermitteln dem Körper die Ätherstrahlen und bringen nach den Gesetzen der Gedankenkräfte durch Autosuggestion entsprechende, ähnliche Schwingungsarten zur Wirksamkeit. Dr. Eckhoff nennt diese Anwendung Telepathieren oder Telesion. Es handelt sich hierbei um die Erzeugung elektrophysiologischer Aktionsströme im Körper des Menschen zu irgendwelchen Zwecken, besonders der Heilwirkung. Alle vorgenannten Ergebnisse und Tatsachen haben es möglich erscheinen lassen, noch andere Wirkungen zu erzielen. So ist von einem Ingenieur eine 27 windige Kupferspirale konstruiert worden, deren Mittelpunkt eine Kupferscheibe bildet. Durch einpolige Verknüpfung dieser Scheibe mit einem Kupferschwamm wurde eine Antenne gefunden, die experimentell physische und psychische Wirkungen auf den Menschen ausübt. Die Versuche mit diesem Apparat haben ergeben, dass er in der Lage ist, kosmische Ätherwellen aufzufangen, welche durch entsprechende Bewusstseinseinstellung auf den sensitiven Menschen wirken. Eigenartig und interessant ist es, dass, wenn diese*

Spirale von einem Menschen mit stark magnetischen Kräften bestrahlt wird, die Wirkungen weitaus starker werden. In den Versuchsanordnungen sind soweit wie möglich die Fehlerquellen einer übersteigerten Vorstellung oder Einbildungskraft ausgeschaltet worden, und doch waren die Wirkungen die gleichen. Damit scheint bewiesen, dass dieser Apparat nicht nur kosmische Ätherwellen auffängt und transmutiert, sondern auch die menschlichen Strahlen in gleicher Weise weiterleiten kann. Es eröffnen sich damit für die neuen Heilmethoden ganz neue Anwendungsmöglichkeiten, welche, wenn auch in mechanischer Art, die psychisch-magischen unterstützen können. Ähnliche Methoden, wenn auch in anderer Weise, haben entsprechende Resultate gezeigt bei der Anwendung der Hochfrequenzströme. Ich setze die Kenntnis dieser Ströme voraus, welche auf die Forschungsergebnisse Nikolas Tesla's zurückgeführt werden. Die rein physischen Wirkungen der Hochfrequenzströme bestehen in einem sogenannten Diathermie-Effekt und einem Strahlungseffekt. Letzterer umfasst den Ozon, den thermischen und den ultravioletten Effekt. Schon dadurch werden physiologische Wirkungen erzielt auf den menschlichen Körper, die zu Heilzwecken fruchtbar angewandt werden können und alle anderen bisher bekannten Anwendungsarten der Elektrizität übertreffen. Durch besondere Experimente ist versucht worden, den Hochfrequenzstrom in psychisch-magnetischer Beziehung zu benutzen. Entsprechende Versuche haben Wirkungen gezeigt, die auch hier auf ein ungeahntes Neuland hinweisen. Durch Zwischenschaltung des Menschen ist es möglich, die Hochfrequenzströme in Verbindung zu bringen mit den sogenannten Od-Strahlen des Menschen und sie durch konzentrierte Bewusstseinseinstellung wirken zu lassen. Ich will aus der Reihe der Experimente dieser Art zwei herausgreifen und naher erläutern. Lagert man einen Menschen in den erdmagnetischen Meridian und verbindet ihn linksseitig mit dem Metallsaturator eines modernen Hochfrequenz-Apparates mit möglichst weicher Büschelstrahlung, so erhält man in physiologischem Sinne eine Auflading des Körpers. Der Experimentator kann nun, indem er seine Hand als Elektrode benutzt, den Strom am Körper des anderen abnehmen, was sich durch Funkenbildung und Wärmeentwicklung der berührten Stellen bemerkbar macht. Das war die bisherige Anwendung in physiologischer Beziehung. Es ist jedoch auch möglich, gewisse Zentren durch bestimmte magische Bewusstseinseinstellung zu beeinflussen. Legt man bei dieser Versuchsanordnung und individuell zu bemessender Stromstärke die rechte Hand auf den Plexus solaris der Versuchsperson und konzentriert seinen magischen Willen auf die magnetischen Ausstrahlungskräfte, so erhält man eine starke Tiefenwirkung auf das gesamte sympathische Nervensystem sowie eine Beeinflussung in lokaler Beziehung. Dadurch ist es möglich, nicht nur physiologisch, sondern auch psychisch auf den Menschen einzuwirken. Auf diese Weise können in Verbindung mit entsprechenden Suggestionen magische Wirkungen erzielt werden, wie z. B. Trancezustande, welche durch andere Methoden in so kurzer Zeit nicht erreicht werden können.

In ähnlicher Weise kann man auch die Epiphyse des Menschen bestrahlen und die Fähigkeiten des Hellsehens und der Gedankenübertragung wesentlich fördern. Damit können auf beiden Seiten Kraftanstrengungen vermindert und ungünstige Nebenwirkungen ausgeschaltet werden. Die Konsequenzen in jeder Beziehung, besonders aber in psychisch-magischer, kann man sich selbst ableiten. Schon diese Andeutungen zeigen, wie weit man das magische mit dem physikalischen verbinden kann, und dass beide nur Gradunterschiede der einen Urenergie sind. Die zweite Versuchsreihe von Experimenten beschäftigt sich noch mehr mit den magischmagnetischen Einwirkungen auf den Menschen. Es ist bekannt, dass die Hochfrequenzströme nicht nur, wie oben angedeutet wurde, eine Oberflächenwirkung zeigen, sondern, dass sie auch bei einpoliger Anwendung Tiefenwirkungen hervorbringen können. Nach den Schwingungsgesetzen können diese Tiefenwirkungen nicht nur organischer Natur sein, sondern sie müssen sich durch Reflexwirkungen auch auf das psychische Element im Menschen auswirken. Dadurch ist es möglich, auf der einen Seite die magnetischen Emanationskräfte zu verstärken und auf der anderen die Empfangsfähigkeit zu erhöhen. Die Glaselektroden-Schwingung ist naturgemäß nur eine mechanische, trotzdem auch sie schon fruchtbare Resultate erzielen kann. Schaltet man aber den menschlichen Körper ein und benutzt die Hand als Elektrode, so sind die Wirkungen bei Einschaltung des geschulten magischen Willens bedeutend andere. Auf diesen Grundsätzen beruhen folgende Experimente. Die Lagerung des Patienten erfolgt wie bei den vorher erwähnten Versuchen. Der Experimentator lässt mittels des Metallsaturators durch die linke Hand den Strom in seinen Körper treten. Die Dosierung der Stromstärke ist individuell und den zu erzielenden Wirkungen angepasst. Nunmehr ist die rechte Hand die aktive Elektrode, die die verschiedenartigen Manipulationen auszuführen hat. Schon eine Bestrahlung durch die konisch gerichteten Fingerspitzen auf die Hauptnervenzentren (ohne Berührung) wie Plexus solaris, Herzzentrum oder Zirbeldrüse ergeben bei Einschaltung der magischen Willensstärke magnetische Wirkungen. Nach meinen Versuchen möchte ich von einem Verhältnis von 1:5 sprechen. D. h. die Wirkungen sind ungefähr fünfmal so stark, wie bei einer allgemeinen magnetischen doppelpoligen Behandlung. Die Hochfrequenzströme scheinen im Körper die magnetischen Ströme stark zu aktivieren und durch Willenseinstellung zu polarisieren, so dass man positive und negative Wirkungen erreichen kann. Noch stärker wird die Beeinflussung wenn man den Körper des anderen Menschen berührt. Ich habe festgestellt, dass bei Bestrahlung der Zirbeldrüse auf diese Weise hypnotische Tiefzustände erreicht werden, welche die allgemeinen weit übertrafen.

Auch die Hervorrufung bestimmter Fähigkeiten, wie Empfangsfähigkeit für Gedankenstrahlungen, beziehungsweise Hellsehen, wurden wesentlich gefördert und unterstützt durch diese Methode. Auch die Umpolung der Odzentren geschieht auf diese Weise leichter und wirksamer. Für die neuen Heilmethoden bedeuten diese Resultate wesentliche Zeit und Kraftersparnis sowohl für den Arzt als auch für den Behandelten. Weitere Versuche sind in Angriff genommen und zeigen sogar eine günstige Tiefenbeeinflussung der innersekretorischen Drüsentätigkeiten. Diese Ausführungen sollten zeigen, dass wir sehr wohl die Naturkraft durch mechanische Anwendungen, in Verbindung mit dem magisch geschulten Willen, benutzen können und so immer mehr zu den synthetischen Methoden gelangen, welche die Aufgabe, das Heilbestreben des Körpers zu unterstützen, allseitig erfüllen. Aber auch für die magischen Experimente werden diese Anwendungsmöglichkeiten fruchtbar sein, denn sie vermindern die schwierigen Vorbereitungen und ersparen dem Experimentator sowie dem Medium Kraft und Zeit. Ich möchte noch betonen, dass die Angaben dieser Experimente noch nicht berechtigen, sie nachzumachen, da nicht nur eine persönliche Schulung und Entwicklungsstufe vorhanden sein muss, sondern auch die Kenntnis bestimmter technischer Manipulationen notwendig ist. Aber schon die Möglichkeit einer derartigen Anwendung dieser Kräfte sollte jedem Anregung sein, sich damit zu beschäftigen. Sie beweist, dass das neue Zeitalter des Aquarius die mechanischen Kräfte durchaus nicht leugnet oder beiseite stellen will, sondern sie synthetisch benutzt, um die magischseelischen Fähigkeiten im Menschen in ihren Auswirkungen erheblich zu steigern und zu vertiefen. Gewiss stellen diese Methoden viel größere Anforderungen an den Menschen, als nur studienmäßige Wissensbildung, aber sie geben ihm auch das kosmische Verbundenheitsgefühl und Bewusstsein wieder. Eingedenk des Gesetzes: „Tue was du willst!" dürfen wir uns keinerlei Beschränkungen mehr auferlegen, denn alle Ideen, und das zeigen besonders die neuen Forschungsergebnisse, so fantastisch sie auch sein mögen, werden nach kosmischem Gesetz einmal Wirklichkeit."

Selbst die okkulte Zeitschrift die „Weiße Fahne" machte Werbung für diese Form des Strahlapparates.

Weitere Werbung in der „Weißen Fahne".

Wie man sieht, wurden sogar Bücher über den Sonnen-Äther-Strahlapparat geschrieben – „Lebens- und Heilkraft direkt aus dem Weltäther" –, welche ihn besser zu erklären versuchten, weil die Abhandlung von Korschelt wissenschaftlich schwer verständlich ist. Dort geht man auch genauer auf die Heilwirkung ein, ohne zu erwähnen, dass – wie ich bereits im Buch „Hermetische Heilmethoden" schrieb – die Konzentrationsfähigkeit von immenser Bedeutung ist. Der obige Autor Remadus ist übrigens ein Pseudonym für Hans Fändrich, dem bekannten Okkultisten und Leipziger Buchverleger.

Auch in der okkulten Zeitschrift „Zentralblatt für Okkultismus" schreibt E. Hengtes über das obige Buch: *„H. F. Remadus. Lebens- und Heilkraft direkt aus dem Weltäther durch Sonnenäther-Strahlapparate. Verlag Gebrüder Fändrich, Leipzig. Eine lesenswerte **Propagandaschrift** für die von Prof. Oskar Korschelt erfundenen Sonnenäther-Strahlapparate, worin wir nähere Einzelheiten über den Werdegang dieser Erfindung, deren physikalisches Prinzip, deren psychischen und physiologischen Wirkungen erfahren und deren praktische Verwendungsmöglichkeiten auf Grund einer Kasuistik von Heilerfolgen erläutert werden."*

Man merkt schon, dass Ernst Hengtes sehr auf den Begriff „Werbung" anspielt, zu welchem Zweck diese Schrift geschrieben wurde, denn der Leipziger Verlag verkaufte den Strahl-Apparat und wollte sich damit finanziell absichern. Die Behauptung des finanziellen Vorteils vertrat die „Marburger Zeitung" vom 2.10.1892 im Artikel „Ätherfalle" von Aristophanes schon damals über ihren Erfinder, denn O. Korschelt verlangte für eine strahlende „Drehscheibe" 18 Mark. Für damalige Verhältnisse eine hohe Summe!

Doch wollen wir nun mit den Worten des Erfinders die Wirkung des Strahlenapparates, der den Namen „Tepaphon" trägt, besprechen:

Der Strahl-Apparat:

„Es ist eine Tatsache, die wohl niemand bezweifelt, dass von der Sonne alle Kräfte stammen, die auf der Erde wirken. In den Sonnenstrahlen strömt der Erde ungeheuer große lebendige Kraft zu und setzt sich hier in der mannigfachsten Weise um. Mehr oder weniger direkt lassen sich die irdischen Kräfte auf Sonnenkraft zurückführen. So stammt die Triebkraft des fließenden Wassers aus den Sonnenstrahlen, denn deren Wärme wurde verbraucht, um das Wasser auf der Erdoberfläche zu verdunsten, das aus den Wolken wieder als Regen zur Erde zurückkehrt und die Flüsse füllt. Ebenso erzeugen die Sonnenstrahlen durch ungleiche Erwärmung der Luftschichten den Wind. Alle Kraft der Dampfmaschinen rührt von Sonnenstrahlen her, die vor Millionen Jahren zur Erde gelangten und ihre lebendige Kraft an die Pflanzen abgaben, aus denen später die Steinkohlen entstanden. So ist auch das elektrische Licht in Wahrheit Sonnenlicht, denn es wird mit Hilfe von Dampf- oder Wasserkraft hergestellt. Auch das menschliche Leben, so gut wie das tierische und pflanzliche, ist ohne die von der Sonne zu uns kommenden Kräfte unmöglich, denn unsere Nahrung ist kondensierte Sonnenkraft, auch nehmen wir die lebendige Kraft der Sonnenstrahlen direkt in uns auf, wie die heilkräftige Wirkung der Sonnenbäder und die Tatsache beweist, dass in der Finsternis der Mensch verkümmert, so gut wie die Pflanze.

Man hat sich den Vorgang, durch den Kraft von der Sonne auf die Erde übertragen wird, verschieden vorgestellt. Newton nahm an, dass von der Sonnenoberfläche sehr kleine Teilchen mit sehr großer Geschwindigkeit weggeschleudert würden und dann geradlinig in den Weltenraum ausstrahlten. Treffen sie andere Weltkörper, so geben sie, z. B. an der Erdoberfläche, ihre lebendige Kraft durch Stoß ab und bleiben auf derselben liegen. Später nahm man an, und das ist die noch heute herrschende Ansieht, dass die atomaren Schwingungen der Sonnenoberfläche sich zur Erde fortpflanzen durch Schwingungen des sogenannten Äthers, d. h. eines Stoffes, der aus viel kleineren Teilchen besteht als die Atome, und dessen Teilchen mit im Verhältnis zu ihrem Durchmesser sehr großem Abstande von einander durch gegenseitige Abstoßung getrennt unbeweglich an ihrem Ort im Weltraume verharren. So empfangen sie von den benachbarten Ätherteilchen Schwingungsanstöße und geben dieselben weiter, dabei um ihren unveränderlichen Standort

kurze Bahnen beschreibend. In dieser Weise werden die Schwingungen der Sonnenatome auf die Erde übertragen, ohne dass eine Wanderung von Stoffteilchen stattfindet.
Man nennt die Newton'sche Theorie die Emissionstheorie, die letzterwähnte die Undulationstheorie. Andere Vorstellungsmöglichkeiten für die Wanderung lebendiger Kraft von Himmelskörper zu Himmelskörper gibt es, wie es scheint, nicht. Es ist daher auch viel darüber gestritten worden, welche Ansicht die richtige sei, und man hat sich schließlich geeinigt, die Undulationstheorie für richtig zu halten. In der letzten Zeit hat aber namentlich Zöllner darauf hingewiesen, dass die Übertragung lebendiger Kraft zwischen den Himmelskörpern gleichzeitig auf beide Weisen stattfindet, dass also, wie das im Leben nicht selten vorkommt von den streitenden Parteien beide recht haben.
Zöllner wurde darauf geführt durch seine Untersuchungen über das Crookes'sche Radiometer, ein luftleeres Glasgefäß, in welchem um eine Achse drehbare Scheiben zu rotieren anfangen, sobald sie von der Sonne bestrahlt werden.
Da die Forschungen ihren Ausgangspunkt in denen Zöllners haben, und eine direkte Folge derselben sind, so will ich den Gedankengang Zöllners, wie er in seinen wissenschaftlichen Abhandlungen, namentlich in Bd. I derselben zu finden ist, kurz darlegen.
Wilhelm Weber hat das Gesetz aufgestellt, dass die kleinsten Teilchen der Körper, die Atome, deren Unteilbarkeit man bisher annahm, aus noch kleineren Massenteilchen bestehen, die er die elektrischen Teilchen nennt, und die innerhalb des Atoms in fortwährender kreisender Bewegung sind. Diese elektrischen Teilchen sind teils positiv, teils negativ, solche mit gleicher Elektrizität stoßen sich ab, mit verschiedener Elektrizität ziehen sich an."
So fängt das Buch von Korschelt an und man sieht seine analogen Beziehungen zur Hermetik. Er dringt tiefer in physikalische Bereiche vor, verliert sich dann in mathematischen Rechnungen, die uns weniger interessieren. Er spricht dann noch von Polarisationsströmen, welche elektromagnetisch sind, wie wir sie aus den Lehren des „Adepten" kennen. Und diese Art der „Ströme" will Korschelt mit seinem Strahlapparat einfangen und aussenden.
Auf Seite 29 schreibt er: *„Die bisherigen Betrachtungen haben als Resultat ergeben:*
1. Die Atome bestehen aus einer sehr großen Menge kleinerer

Massenteilchen, den sogenannten elektrischen Teilchen, die innerhalb des Atoms in fortwährender kreisender Bewegung umeinander sind. Es gibt zwei Arten elektrischer Teilchen, positive und negative; die gleichartigen stoßen sich ab, die ungleichartigen ziehen sich an. Jedes Atom enthält nahe gleichviel von beiden Arten elektrischer Teilchen, mit einem geringen Überschuss bald der einen, bald der anderen Art.
2. Wächst die innere Bewegung an einer Stelle eines Atoms über eine gewisse Grenze, so werden elektrische Teilchen ausgesendet, dieselben verlassen dann ihren Himmelskörper und wandern in dem Weltraum fort, bis sie einen andern Himmelskörper erreichen, wo sie entweder reflektiert oder von einem Atom absorbiert werden.
3. Die im Weltraum wandernden elektrischen Teilchen sind der Äther der Physiker.
4. Die Ätherteilchen haben eine doppelte Bewegung, a. ihre Eigenbewegung, b. eine schwingende Bewegung, zu der sie die Anstöße von den in den Atomen rotierenden Ätherteilchen erhalten.
5. Die Bewegungen der kleinsten Teilchen sind der Art nach gleich den Bewegungen der Himmelskörper.
Macht man sich den Inhalt dieser 5 Sätze so recht zu eigen und begleitet die Ätherteilchen auf ihren Wanderungen von Weltkörper zu Weltkörper, so sieht man, wie sie auf dem einen durch vorübergehende Verstärkung der inneren Bewegung der Atome ausgesendet werden, wie sie dann den Weltraum durchwandern, dabei die verschiedenartigsten Schwingungsanstöße empfangend und nach der entgegengesetzten Richtung weitergebend, dabei mit anderen, ihren Weg kreuzenden Ätherteilchen Anziehungen und Abstoßungen austauschend, bis sie einen Himmelskörper erreichen, in dessen Atmosphäre sie eindringen, wo sie mannigfach angezogen und abgestoßen werden von den durcheinander und hin- und hertanzenden Gasatomen. Ereilt sie nicht schon hier das Schicksal, mehr abstoßende, als anziehende Kräfte zu finden und so zum Verlassen des Himmelskörpers gezwungen oder zur Ergänzung einer Lücke in ein Gasatom einbezogen zu werden, so gelangen sie endlich zur Schicht der festen Moleküle. Wird die hier noch viel drohendere Gefahr der Reflexion in den Weltraum ebenfalls überwunden, so treten sie in die festen Körper: wie ein Wanderer vom freien Feld in alten Eichenhochwald und schwingen sich rhythmisch um die bewegungsarmen Atome. Fast sicher erwartet sie hier in der Oberflächenschicht das Los, in den großen Strom des Erdmagnetismus gezogen zu werden, der hier flutet als ein Sammelbehälter

lebendiger Kräfte, aus denen namentlich das Pflanzenleben mit seinen Wurzeln schöpft.
So hat sich das Spiel der Kräfte vollzogen in ungezählten Millionen und abermals Millionen Jahren. Die kraftstrotzenden Zentralkörper haben in schwingenden Ätherteilchen ihre Kraft hinausgesendet in den Weltraum und zu den Planeten, und die anorganischen Körper sowohl, als die Pflanzen, die Tiere und die Menschen haben diese Kräfte sich angeeignet und verwertet. Alle Naturerscheinungen, alles Leben auf der Oberfläche der Planeten hat ihren Ursprung in den Sonnenkräften.
In reichster Fülle, in unermesslicher Menge umfluten uns die Kräfte, bieten sich jedem dar, der sie erfassen, benutzen will. Und so sind sie erfasst und benutzt worden von Anfang an, seit organisches Leben besteht, von den Pflanzen, den Tieren und von uns Menschen. Aber bewusst? Nein, unbewusst von unseren Seelen. Und was tun wir, in dem Teile unseres Seins, wo wir mit Bewusstsein leben? Um uns Kraft zu verschaffen, graben wir tief in die Erde, verbannen einen großen Teil von uns hinunter in die Gruben zu einem durchaus menschenunwürdigen Dasein, Kohlen zu graben, damit durch deren Verbrennung wir Wärme und Kraft erhalten. Aber wieder, welche Verschwendung, welche Jämmerlichkeit unserer Hilfsmittel. Weniger als 10 Prozent der Kraft, die in der Kohle steckt, vermögen wir nutzbar zu machen in der Dampfmaschine. Und wo wir hinblicken mögen, dieselbe Mühseligkeit in der Beschaffung von Kraft, dieselbe Unzulänglichkeit in der Verwertung derselben. Neun Zehntel von uns führen ein Leben von Armut, Rohheit, Unwissenheit und Sünde und harter Arbeit, weil unsere Veranstaltungen, uns Kraft zu verschaffen, so ungenügend sind, weil wir nicht verstehen, aus der ungeheurem Fülle von Kraft, die uns überall umgibt, die jeder ohne Kosten haben kann, ein Weniges uns nutzbar zu machen. Wie Verschmachtende an einem Wasser, zu dumm, zu schöpfen und zu trinken, so in Wahrheit stehen wir vor der geradezu unendlichen Anzahl von Kilogramm-Metern, die täglich uns die Sonne zur Benutzung sendet.
Ließen sich wirklich diese Kräfte nutzbar machen?, wird man fragen. Und wie? Ich will im Folgenden den Weg beschreiben, den ich mit Erfolg betreten habe, die lebendige Kraft der Ätherteilchen für verschiedene Zwecke anzuwenden.
Nimmt man die oben aufgestellten fünf Sätze als richtig an, so folgt aus dem fünften Satze, welcher lautet:
5. Die Bewegungen der kleinsten Teilchen sind der Art nach gleich den

Bewegungen der Himmelskörper ohne Weiteres und selbstverständlich der weitere Satz:
6. Die Anziehungsgesetze, welche für die Himmelskörper gelten, gelten auch für die kleinsten Teilchen!"
„Wie um die Sonne mehrere Planeten kreisen, so werden auch um ein isoliertes Atom mehrere Ätherteilchen oder Äther-Aggregate in verschiedenen Abständen in geschlossenen Bahnen sich bewegen, nur mit dem Unterschiede von der Bewegung der Planeten, dass letztere sehr lange Zeit fortdauert. Während das beim Äther nicht der Fall sein kann. Es dringen fortwährend neue Ätherteilchen aus dem Weltraume in den Anziehungsbereich des Atoms und veranlassen Störungen der Bahnen der bereits rotierenden Teilchen, die in manchen Fällen so stark sein werden, dass letztere in der Tangente an ihre Bahn den Anziehungsbereich des Atoms wieder verlassen werden, wogegen die neu angelangten Ätherteilchen ihre Stelle einnehmen und das Atom umkreisen, um ihrerseits wieder durch andere verdrängt zu werden. So ist ein unablässiges Kommen und Gehen der Ätherteilchen und in der Zwischenzeit ein kurzes Rotiren um das Atom. In einem größeren Abstande vom Atom gelangen die Äthertheilchen nicht mehr zum Rotieren um dasselbe. Seine Anziehung bewirkt nur eine Bahnablenkung und ein teilweises Umkreisen, welche mit größerem Abstande immer geringer werden. Da nun aber die Ätherteilchen auf einander ebenfalls anziehend wirken, so vereinigt sich ihre Anziehung mit der des Atoms auf die entfernteren, benachbarten Ätherteilchen, und die Folge ist, dass weit über die Entfernung hinaus, in der die Anziehuug des Atoms allein merkbar werden würde, die Ätherteilchen Bahnablenkungen erfahren. Der ganze Vorgang ist ähnlich dem, wenn man einen Stock in einem kleinen Kreise im Wasser dreht. Während die inneren Schichten schon mit dem Stocke rotieren, schieben sich die äußeren nur langsam nach. Weil nun die Ätherteilchen diffus sind, d. h. in allen Richtungen sich durcheinander bewegen, so können auch die Bewegungen derselben um das Atom nicht im gleichen Sinne erfolgen, sondern müssen durch einander gehen; höchstens, dass hin und wieder die Bewegungen in der oder jener Richtung überwiegen, wenn mehr Ätherteilchen in einer Richtung herankommen. So müssen die Bewegungen der Ätherteilchen um das Atom einem Strudel zu vergleichen sein, überwiegen aber die Anstöße aus einer Richtung dauernd, wenn auch nur um ein Geringes, so muss die Bewegung doch in diesem Sinne stattfinden und ist dann regelmäßig." (S. 35) Und dieses „regelmäßige" ist der Rhythmus der Schöpfung.

„Die scheinbare Bewegung der Sonne bedingt also eine Drehwirkung der von ihr ausgehenden Ätherteilchen auf die Kugel, d. h., die Ätherteilchen müssen um die Kugel von Ost nach West rotieren und zwar um die zu den Sonnenstrahlen senkrechte Achse der Kugel. Das gilt für den Tag sowohl, als für die Nacht, in welcher die Zahl der die Kugel von der Sonne treffenden Ätherteilchen um sehr viel geringer, als am Tage sein muss, weil sie erst die dazwischen liegende Erde durchdringen müssen: wobei der größere Teil absorbiert wird.
Setzen wir statt der Kupferkugel die Erde, so leuchtet ein, dass auf dieser die Ätherteilchen gerade so rotieren werden. Da der Erdmagnetismus nichts weiter ist, als der Strom der Ätherteilchen um die Erde, so wissen wir jetzt, dass dieser nicht in der Nord-Süd-Richtung oder umgekehrt, sondern allein in der Ost-West-Richtung fließen kann. Die Magnetnadel stellt sich also senkrecht zur Richtung des erd-magnetischen Stromes. Bedenkt man ferner, dass die Ätherteilchen in und an der Erdoberfläche ihre Kraft hauptsächlich an das organische Leben abgeben, und dass dieses gegen den Äquator an Menge und Intensität zunimmt, so muss der Verbrauch der lebendigen Kraft der Ätherteilchen durch Aufnahme der Teilchen in Atome oder durch Neubildung von Atomen aus denselben auch vorwiegend in niederen Breiten stattfinden. Es muss daher ein Abfluss der Ätherteilchen von den Polen nach dem Äquator geschehen. Dadurch wird, nach dem Gesetze von dem Parallelogramm der Kräfte, die Bewegung der Ätherteilchen aus einer kreisförmigen um die Erde parallel den Breitengraden in eine spiralförmige verwandelt. Der Erdmagnetismus fließt also in einer rechtsläufigen Spirale, die im Nordpol anhebt und von Osten gegen Westen geht, in sehr vielen Windungen gegen den Äquator. Auf der südlichen Halbkugel ist der Vorgang ähnlich. Der erd-magnetische Strom fließt da ebenfalls von Ost nach West, doch hier nach Norden abgelenkt, also in einer Spirale, die von Süden über Osten nach Westen nach Norden geht. Doch ist diese Spirale auf der südlichen Halbkugel ein Linksgewinde, während sie auf der nördlichen Halbkugel ein Rechtsgewinde war." (S. 37)
Auf S. 43 kommt er zu dem Schluss: „Der um die Erde in derselben Richtung kreisende Spiralstrom von Ätherteilchen, der nicht nur die festen Massen der Erde, sondern auch die unteren Schichten der Luft erfüllt, wird nun an dieser kreisenden Bewegung der Sonnen-Ätherteilchen sich mit seinen in die Nähe der Kugel kommenden Ätherteilchen beteiligen. Daher muss jeder an der Erdoberfläche befindliche isolierte feste Körper mit

einem um ihn rotierenden "Strom" von Ätherteilchen, die sich fortwährend erneuern, umgeben sein."

"Nehmen wir an Stelle einer Kupferkugel einen geradlinigen Kupferdraht, so können wir uns denselben als eine Aufeinanderfolge von Kupferkugeln vorstellen. Nähert sich der ersten dieser Kugeln ein Ätherteilchen in einer geradlinigen Bahn, die einen spitzen Winkel mit dem Drahte bildet und nahe genug der Kugel vorbei führt, um das Ätherteilchen dauernder Anziehung verfallen zu lassen: so wird das Ätherteilchen aus seiner Bahn abgelenkt und würde in geschlossener Kurve die Kugel umkreisen, wenn diese allein wäre. Da aber dicht neben ihr eine zweite Kugel sich befindet, welche ebenfalls das Ätherteilchen anzieht, sobald es ein Stück der neuen Bahn um die erste Kugel durchlaufen hat, so wird das Ätherteilchen gegen die zweite Kugel hin aus der kaum eingeschlagenen Bahn abgelenkt und bewegt sich in veränderter Richtung um die zweite Kugel. Im Fortschreiten kommt es in den Anziehungsbereich der dritten Kugel, verändert seine Richtung gegen diese hin und so fort. Man kann sich die Bewegungslinie eines Ätherteilchens als aus Kreisbögen bestehend denken, die der Reihe nach um die in einer geraden Linie liegenden Mittelpunkte der Kugeln beschrieben sind, in Ebenen, welche stets denselben Winkel mit jener Gerade einschließen, aber mit einander einen stets in demselben Sinne vorrückenden Winkel bilden. Das Ätherteilchen bewegt sich also, von einem geradlinigen Drahte angezogen, in einer Schraubenlinie, d. h., in einer um einen Zylinder gewickelten Spirale um denselben. Kommt das Ätherteilchen von rechts her über den Draht, so wird die Spirale ein Linksgewinde; von links her über den Draht ein Rechtsgewinde; von rechts her unter den Draht ein Rechtsgewinde und von links her unter den Draht ein Linksgewinde. Die Windungen liegen um so näher an einander, die Spirale ist um so flacher, je mehr der Winkel, den die ursprüngliche Bahn des Ätherteilchens mit dem Drahte bildet, sich einem Rechten nähert. Je spitzer dieser Winkel ist, um so weiter liegen die Windungen auseinander, um so steiler wird die Spirale. Wird der Winkel ein stumpfer, so verläuft die Bewegung in entgegengesetzter Richtung. Auch hier werden die dem Drahte zunächst kommenden Ätherteilchen ihn in der Spirale umkreisen, während der von den entfernteren beschriebene Bogen um so kürzer wird, je größer ihr Abstand von dem Drahte ist. Wenn man die Ätherteilchen, so lange sie im Anziehungsbereich des Drahtes sich befinden, sehen könnte, so würde man sie als eine Wolke gewahren, die um den Draht wirbelt. Die Teilchen der Wolke werden sich aneinander vorbei in vielerlei Richtung –

rechtsherum hin, linksherum hin, rechtsherum hin, linksherum hin – um den Draht rotierend, schieben. In welcher Richtung die Zahl der sich bewegenden Teilchen überwiegt, hängt von der Richtung des Drahtes gegen die Sonne und gegen die erd-magnetische Strömung ab. Im Allgemeinen wird aber der von Norden nach Süden zu fließende Strom der stärkere sein.
Man denke sich nun den Draht in sich zurücklaufend, also einen Kreis bildend. Die um den Draht spiralförmig fließenden Ätherströmungen werden um denselben stärker sein, als wenn der Draht gerade ist, denn im letzteren Falle verlassen die Strömungen den Draht an beiden Enden und werden ausgestrahlt. Bei dem in sich zurücklaufenden Drahte geschieht das zunächst nicht, die Strömung kehrt in sich selbst zurück und wird durch die fortwährend neu hinzukommenden Ätherteilchen verstärkt, bis ein Maximum der Spannung erreicht wird, wo ebenso viel Ätherteilchen vom Drahte angezogen werden, als durch gegenseitige Beschleunigung der Bewegung, wie früher für die Gas-Atome ausgeführt, ihn in der Tangente wieder verlassen. Demnach wird auch der Durchmesser des um den geschlossenen Draht rotierenden Äther-Wirbels größer sein, als bei dem offenen Drathe.
Bringt man irgend einen Körper, der fähig ist, die lebendige Kraft des Äthers in sich aufzunehmen, an oder in den um den geschlossenen Draht rotierenden Äther-Wirbel, so ist offenbar die Zahl der Ätherteilchen, die in der Zeiteinheit in die Wirkungssphäre dieses Körpers kommen, größer, als wenn sich der Körper frei in der Luft befindet. Legt man z. B. einen kreisförmig geschlossenen Draht gegen den Hinterkopf eines Menschen, wie einen Heiligenschein, so wird der Mensch lebendige Kraft der Ätherteilchen sich aneignen, sobald nur der Draht dem Kopfe genügend nahe zu bringen ist. Weil aber die Ätherteilchen an dem Drahte sich in vierfach verschiedener Richtung und in allen möglichen Winkeln gegen denselben geneigt bewegen, also in allen Richtungen sich kreuzend durch einander gehen, so werden bei der Aufnahme derselben in den Hinterkopf Kraftverluste entstehen können, indem die Ätherteilchen sich gegenseitig neutralisieren. Könnte man einem Systeme von Drähten die Ätherteilchen annähernd parallel entströmen lassen, so dass sie senkrecht auf den Körper treffen, der sie aufnehmen soll, so würde ihre lebendige Kraft auf diese Weise am besten ausgenutzt werden.
Denkt man sich ein Bündel paralleler gerader Kupferdrähte, in gleicher Entfernung von einander, und parallel den Sonnenstrahlen aufgestellt, von

denen sie aber nicht direkt bestrahlt zu werden brauchen, so wird vorwiegend dem unteren Ende der Drähte ein kegelförmig nach außen sich erweiternder Strom von Ätherteilchen entfließen. Jeden einzelnen Draht verlassen die um ihn rotierenden Ätherteilchen an seinem Ende in der Tangentialrichtung, bilden also einen Kegel, dessen Spitze in dem Drahtende liegt. In Folge dessen bilden die Ätherteilchen aller Drähte nach dem Verlassen derselben einen abgestumpften, nach unten sich erweiternden Kegel. Stellt man einen Menschen mit dem Hinterkopf gegen die Drahtenden in diesen Kegel hinein, so werden bedeutend mehr Ätherteilchen gegen ihn strömen, als wenn man einen kreisförmig geschlossenen Draht gegen den Hinterkopf legt. Namentlich ist die Wirkung der Ätherteilchen bei Anwendung des Drahtbündels nicht so sehr abhängig von der Entfernung, als bei dem Drahtkreise, obgleich sie natürlich mit der Entfernung abnimmt, im direkten Verhältnis. Beim Drahtkreise hört aber die Wirkung fast auf, so bald die Entfernung größer wird, als der Radius des Äther-Wirbels um den Draht. Doch ist auch bei den dem Drahtbündel entströmenden Ätherteilchen eine Parallelrichtung nur für einzelne erreicht, der Hauptsache nach kreuzen sie sieh ebenfalls."
(S.44)
„In den Teilen der Kreise, welche sie zu zweien gemeinsam haben, finden dann gegenseitige Bewegungs-Beschleunigungen und Verlangsamungen der Ätherteilchen statt. Rotiert z. B. ein Ätherteilchen um den Draht 1 nach rechts, ein anderes um den Draht 2 nach links, so kann leicht das eine dem anderen in dem gemeinsamen Kreisabschnitte eine solche Bewegungs-Beschleunigung erteilen, dass das letztere den Anziehungsbereich der Drähte verlässt, während das erste seine Bewegung verlangsamt und zurückbleibt. Die Richtung, in welcher die Ätherteilchen das Drahtsystem verlassen, wird annähernd senkrecht zu der Ebene sein, in der die Drähte liegen, wie es die durch die Schnittpunkte der Kreise gezogenen Geraden andeuten.
Nimmt man statt eines Drahtkreises ein System von konzentrischen Drahtkreisen, für welches ebenfalls das gleiche „System" verwendet wird, so wird dasselbe Resultat erreicht, die Ätherteilchen drängen einander senkrecht zur Drahtebene und angenähert in paralleler Richtung aus dem Systeme.
Hat man einen Gegenstand der Wirkung eines Äther-Wirbels zu unterwerfen, der vorwiegend in einer Richtung Ausdehnung hat, so wird man ihn zweckmäßig mit einer Spirale umgeben, die je nach der Form des

Gegenstandes um einen Zylinder oder einen Kegel gewickelt ist und die sich auch auf die Grundflächen fortsetzen kann. Auch bei der Spirale ist Rechts- und Linkswickelung möglich. Bei jeder Spirale wird die Zahl der Ätherteilchen, welche nach innen abgeschleudert wird, größer sein, als in der umgekehrten Richtung. Der Gegenstand in der Spirale erhält also auch in den Teilen, welche zu weit von der Spirale abliegen, um von dem die Spirale entlang flutenden Äther-Wirbel erreicht zu werden, mehr Ätherteilchen zugesendet, als ihn außerhalb der Spirale erreichen würden. Ordnet man die Spirale in der Ebene an, so findet ebenso wie bei einem System konzentrischer Drahtkreise, Abschleuderung der Ätherteilchen senkrecht zur Ebene und annähernd parallel zu einander statt, nur mit dem Unterschiede, dass bei den konzentrischen Drahtkreisen die Ätherteilchen in gleichen Abständen die Ebene verlassen, während sie bei der Spirale in der Mitte in einem dichten Strahle austreten und ihre Abstände von einander um so weiter werden, je entfernter sie vom Mittelpunkt der Spirale sind.

Man übersieht ohne Weiteres, dass je nach der Form des den Ätherteilchen auszusetzen Molekül-Aggregates, sagen wir, des zu bestrahlenden Körpers und je nach der Art, wie der Körper bestrahlt werden soll, ob äußerlich umflutend oder geradlinig durchdringend oder beides, sowie ob einzelne Stellen des Körpers besonders intensiv bestrahlt werden sollen, die zweckmäßigste Anordnung des Drahtsystemes oder der Drahtsysteme durch einige Überlegung im Vorhinein festgestellt werden kann. Eine unendlich große Mannigfaltigkeit ist möglich, aus der aber doch schließlich nur wenige typische Formen als in den wichtigsten und in den zahlreichsten Fällen genügend zur dauernden Anwendung gelangen werden." (S. 48)

Er schreibt auch später noch, dass das mächtigste Hilfsmittel zur Verstärkung der Wirkungen der Strahlapparate die Elektrizität sein muss. Zerlegt man Atome in ihre Ätherteilchen und sammelt alle positiven Ätherteilchen auf einem Draht, alle negativen auf einem anderen Draht, und verbindet beide Drähte durch einen dritten, so durchfließt diesen letzteren ein elektrischer Strom, d. h., die positiven und negativen Ätherteilchen setzen sich gegen einander in Bewegung, indem sie in und um den Draht um dessen Atome schwingen, d. h., spiralförmig sich fortbewegen, wie oben des öfteren auseinandergesetzt wurde, und sich wieder mit einander zu Atomen vereinigen, wobei die durch die Verdichtung ausgestoßene Kraft als Wärme, Licht, chemische Kraft,

Massenbewegung sich äußert.

„Die Vereinigung der positiven und negativen Ätherteilchen geschieht nicht momentan und nicht an einer einzigen kleinen Stelle des Schließungsdrahtes, sondern in der ganzen Länge desselben und erfordert eine gewisse Zeit. Lasse ich also einen elektrischen Strom durch einen Strahlapparat gehen, so vermehre ich in demselben die freien, negativen Ätherteilchen ungemein und zwar im direkten Verhältnis zur Stromstärke und ebenso die freien positiven Ätherteilchen. Die Zahl der um den Draht des Strahlapparates rotierenden Ätherteilchen wird also vermehrt und damit auch die Zahl der Ätherteilchen, welche den Strahlapparat gleichgerichtet verlassen." (S.51)

Jede Bewegung, jede Rotation gibt Reibung und Reibung gibt Energie, dies ist Analog im Astralen sowie im Stofflichen, bzw. die Spannung zwischen An- und Abstoßung bildet ebenso Energie! Somit ist jede schöpferische Wellenbewegung Energie!

Über den Missbrauch solcher Geräte wie das „Tepaphon" schreibt selbst Korschelt einen Absatz in seinem Werke (S.61): *„Die Berichte, die ich über die wunderbaren Wirkungen des Heilmagnetismus auf Gesunde und Kranke, auf Tiere und Pflanzen las, machten auf mich einen tiefen Eindruck. Ich musste diese Berichte für wahr halten, weil sie nicht nur Ansichten, sondern leicht festzustellende Tatsachen enthielten, über die alle Beobachter übereinstimmten, so dass eine Täuschung in der Beobachtung ausgeschlossen erschien. So begab ich mich unverweilt an die Anstellung eigener Versuche, wobei ich mich allerdings auf die Heilung von Kranken beschränkte, denn ich hielt es von vornherein für einen Missbrauch dieser herrlichen Kraft, mit Hilfe derselben Mitmenschen ihres Bewusstseins zu berauben und zu blödsinnigen Automaten herabzudrücken, bloß um sie Narrenstückchen treiben zu lassen. Ich halte alle die, welche solches tun, für Verbrecher, die dadurch eine schwere Schuld auf sich laden, denn nicht um über unsre Mitmenschen zu herrschen und sie zu vergewaltigen, sind wir in diesem Leben, sondern um ihnen als unseren Brüdern zu dienen, daher wir niemals das Selbstbestimmungsrecht der Mitmenschen antasten dürfen, auch nicht unter dem Vorgeben, dass wir dabei nur Gutes zu tun beabsichtigen, weil ja fast immer die Ansichten der Menschen im Irrtum und nicht in der Wahrheit stehen."* – Eine interessante Aussage, die nachdenklich stimmt.

Seine Versuche, Kranke durch Auflegen seiner Hände zu heilen, zeigten schon in den ersten Fällen Erfolge, *„so dass ich es mir angelegen sein ließ,*

meine Kraft weiter zu entwickeln. So habe ich in diesen Jahren viele Kranke behandelt und fast ohne Ausnahme ihnen nützen können. Ich habe mich dabei von Anfang an nicht an die Vorschriften gehalten, welche die Heilmagnetiseure über die Art geben, wie eingewirkt werden soll, weil fast jeder eine andere Regel hat, und weil ich bald fand, dass die langwierigen und umständlichen Arbeitsweisen der Heilmagnetiseure überflüssig und wohl nur dazu bestimmt sind, den Heilmagnetiseur wie seine Kranken von der Wichtigkeit der Arbeit zu erfüllen, wodurch dann die Ausströmung der Kraft aus dem Magnetiseur reichlicher und die Aufnahme derselben in den Kranken leichter vonstatten geht. Es braucht nicht die langwierigen Striche und die mannigfachen Arten derselben – wie es Franz Bardon richtig beschreibt. Der Hrsg. –, wo auf Seiten des Heilenden die Absicht, dem Kranken zu dienen, lauter und ohne Nebenabsicht besteht, und wo beim Kranken unbedingtes Vertrauen vorhanden ist; da genügt ein leichtes Auflegen der Hand auf den Kopf oder die erkrankte Stelle, ja da genügt ein Erfassen der Hand des Kranken oder gar nur ein freundlicher Blick und ein zuversichtlich gesprochenes Wort, und von der Stunde an beginnt die Heilung, bald rascher, bald langsamer sich zu vollziehen. Aber diese Augenblicke hoher Seelenkraft sind doch nur selten, und jeder Heilmagnetiseur, der täglich zu wirken hat, muss sich eine Regel machen, nach der er mechanisch arbeitet. Die meinige und die dabei in mir und dem Kranken stattfindenden Vorgänge will ich jetzt beschreiben.
Der Kranke wird auf einen Stuhl gesetzt oder auf ein Bett gelegt, man heißt ihn, sich still und ruhig und passiv duldend zu machen. Dann ist das erste, in sich die Kraft zum Ausfließen zu bringen. Das geschieht, indem man sich einen Augenblick still sammelt und sein ganzes Wesen auf den Zweck richtet. Eine äußerliche Hilfe ist es, die Hände rasch an- und übereinander zu reiben. Man hat ein sicheres Gefühl, wenn die Kraft gegen die Fingerspitzen dringt und zum Entströmen bereit ist. Ist man einmal in Übung, so bedarf es einer äußerst geringen Zeit zu dieser Vorbereitung. Die Zeit, in welcher man die Hand erhebt und gegen den Kranken ausstreckt, genügt dann vollkommen. Hierauf stellt, man sich vor den Kranken, am besten südlich von ihm, erhebt die Hände über seinen Kopf und hält sie so mit auseinandergespreizten und nach abwärts gekrümmten Fingern eine Weile. Dann fühlt man deutlich, dass ein Ausströmen aus den Fingerspitzen statt fand, man fühlt einen kühlen Windhauch an den Fingern und zwischen ihnen und dem Kopf des Kranken. Ein Prickeln geschieht in den Fingern, und man fühlt die Muskeln der Hand und mitunter auch des Unterarmes

steif werden. Bei kräftiger Wirkung wird die Hand sehr kalt. Man führt nach einiger Zeit die Hände langsam am Gesicht und am Körper herab, wobei die Finger gespreizt bleiben, aber gestreckt werden. Bei diesem Herabfahren der Finger fühlt man deutlich, welche Teile des kranken Körpers besonders der Kraft bedürfen. An diesen verweilt man länger. Von den Fußspitzen werden die Finger kräftig abgezogen, als wenn man einen Widerstand zu überwinden hätte, und über dem Fußboden abgeschlenkert oder mit ihnen auf den Fußboden aufgepocht, als wenn man klebrig anhängende Stoffe los werden wollte. Dann geht man in weitem Bogen nach dem Kopfe zurück und wiederholt den Strich bis höchstens sieben Mal. Man kann auch bestimmte Körperteile für sich behandeln, indem man einfach seine Hand auf sie legt und von Zeit zu Zeit abschlenkert, man kann auch an Stelle der Beine die Arme zum Abstrich wählen, man kann auch den Kranken hinter ihm stehend behandeln (vgl. die Anweisungen im Logenbuch „Habu Cadis" der FOGC! Der Hrsg.). So gibt es noch viele Abänderungen. Sobald man dem Kranken die Hände aufgelegt hat, sagt einem ein sicheres Gefühl (=Intuition), welche Behandlungsweise die zweckmäßigste ist, ebenso deutlich fühlt man, wann man sich ausgegeben oder wann der Kranke genügend Kraft erhalten hat, so dass ein Mehr ihm zu heftige Heilserscheinungen geben würde.

Nach jeder Krankenbehandlung wird man müde. Das geht in den meisten Fällen in einer halben Stunde vorüber. In anderen Fällen steigert sich die Müdigkeit bis zur Erschöpfung, die erst nach Tagen völlig weicht. Außerdem treten tatsächlich von dem Kranken, auch wenn keine Berührung stattfindet, Krankheitsstoffe an die Finger des Heilers über, die sich schmierig und klebrig anfühlen und auch durch ihren schlechten Geruch sich zu erkennen gehen. Darum muss man nach jeder Behandlung sich sofort die Hände in kaltem Wasser mit Seife sorgfältig waschen, obgleich man häufig von Krankheitsstoffen nichts bemerkt, weil man sonst sehr ernste Leiden sich zuziehen kann. Ich habe mir einmal auf diese Weise einen Magenkatarrh von vier Wochen Dauer zugezogen, trotzdem ich mich gewaschen hatte; von kürzeren Leiden von bloß mehreren Tagen ganz zu schweigen.

Die Empfindungen der Kranken bei und nach der Behandlung sind je nach ihrem Leiden und ihrer Lebensführnng sehr verschieden. Manche fühlen sich kräftigst durchschüttert, andere fühlen gar nichts. Man kann sagen, dass die Armen und Ungebildeten am meisten empfinden, wenn sie nicht Schnaps trinken. Am geringsten ist die Wirkung oder richtiger das Gefühl der Wirkung bei den Gebildeten und Städtebewohnern, welche offenbar durch unzweckmäßige Lebensführung abgestumpft sind. Dagegen sind die Aristokraten, namentlich die Damen derselben, außerordentlich für die heilmagnetische Kraft empfänglich. Sobald die Behandlung beginnt, fühlt der empfindliche Kranke denselben kühlen Lufthauch durch seine Haare und über sein Gesicht wehen, der dem Heilmagnetiseur um seine Finger spielt. Auch ein Prickeln in denjenigen Stellen beginnt, über welche der Heilmagnetiseur seine Hände hält. Von nun ab werden die Empfindungen der Kranken ganz verschieden. Meistens wird ein vom Kopfe nach den Fingerspitzen oder nach den Zehen fließender Strom oder beides verspürt, oder in den am meisten erkrankten Organen beginnt ein lebhaftes Rumoren, Stechen, Ziehen und Arbeiten oder Schweiße brechen aus, örtliche oder allgemeine, oder es kommt zur Ausscheidung von unangenehm riechenden Stoffen durch die Haut. Erhöhter Pulsschlag wird stets herabgesetzt. Fast immer erhält der Kranke ein Gefühl der Kräftigung und des Wohlbefindens, ein Bedürfnis nach Ruhe und Schlaf tritt ein. Wird demselben Folge gegeben, so vollendet die Natur in dem Schlafe die vom Heilmagnetiseur begonnene Heilwirkung und der Kranke erwacht erquickt. Statt dessen erfahren „kräftige" Männer aus dem Mittelstande gewöhnlich keine andere Wirkung, als dass sie etwas dumpf und träge werden, ihre stumpfe Masse ist nicht im Stande, die gebotene Heilwirkung anzunehmen. Je näher man die Hände dem Kranken bringt, desto größer ist unter sonst gleichen Umständen die Heilwirkung. Doch ist das **Gesetz** von der Abnahme der Kraft im Quadrate der Entfernung hier nicht deutlich wahrzunehmen. Berührung des Kranken verstärkt die Wirkung, die Kleidung des Kranken schwächt sie ab, um so mehr, je dicker sie ist. Es wird daher auch die allerstärkste Wirkung erzielt, wenn die Hand des Heilenden den nackten Leib des Kranken berührt, wenn also die heilmagnetische Behandlung in die sogenannte Massage übergeht. Deswegen sind aber die unter Anleitung der Mediziner arbeitenden Masseure keine Heilmagnetiseure, sondern das gerade Gegenteil derselben. Es ist nämlich das wichtigste **Gesetz** der heilmagnetischen Behandlung, die Hände stets am Kranken abwärts zu führen. Vorführt man umgekehrt, so treibt man die Krankheit, statt hinaus und hinunter, nach oben und nach innen, d. h. man verschlimmert dieselbe und die gefährlichsten Zufälle treten ein. Nun lassen aber die Mediziner ihre Masseure stets nach rückwärts, gegen den Blutlauf kneten. Da alle Menschen heilmagnetisch sind, so müssten hierbei die Kranken so auffällig

geschädigt werden, dass auch der blödeste Beobachter es bemerken müsste, wenn der Mensch nicht die Fähigkeit hätte, seine heilmagnetische Kraft nach seinem Belieben wirken zu lassen oder in sich zu verschließen, welches letztere die Masseure offenbar unbewusst, schon deshalb tun werden, weil sie von ihrer Arbeit möglichst wenig ermüdet zu werden wünschen. In denjenigen Ländern, in welchen das Massieren eine alte Volksgewohnheit ist, wie in Japan, wird es stets nach unten zu getrieben, wie es sich gehört.
Noch kräftiger als durch die Hand ist die Heilwirkung des Menschen durch seinen Atem. Man breitet ein reines Tuch über die kranke Stelle, presst den geöffneten Mund darüber und haucht anhaltend darauf. Die Wirkung ist eine ungemein belebende auf den ganzen Organismus des Kranken. Sterbende, denen stundenlang einige untereinander sich ablösende Gesunde auf die Herzgrube hauchen, werden auf diese Weise dem Leben erhalten, ja schon tote Personen wieder ins Leben zurückgebracht (welches nur einem wahren Könner möglich ist! Der Hrsg.). *Ein auf Erwerb ausgehender Heilmagnetiseur wird aber dieses Verfahren deshalb nicht anwenden können, weil die Krankheitsstoffe sich dann direkt in der Mundhöhle anschlagen und in das Blut aufgenommen werden, was auf die Dauer ohne die ernsteste Gefährdung der Gesundheit nicht abgehen kann.*
Die heilmagnetische Kraft kann auf unbelebte Gegenstände, wie Wasser, Öl, Papier, Holz, Stoffe usw. übertragen, mit diesen in die Ferne gesandt und durch Trinken des Wassers, Einreiben des Öles und Auflegen der anderen Gegenstände auf die kranken Körperteile vom Kranken aufgenommen werden. Doch vermindert sich die Menge der heilmagnetischen Kraft an solchen Gegenständen nach der Ladung (mittels Lebenskraft) fortwährend, bis sie nach einigen Tagen ganz verschwunden ist. Schließlich kann man die heilmagnetische Kraft auch ohne einen Träger direkt in die Ferne schicken, wenn nur erst einmal durch mehrfaches Magnetisieren eine gewisse Beziehung zwischen Kranken und Heiler hergestellt ist. Der Kranke fühlt genau in solchen Fällen ein körperliches Etwas zu sich dringen und kann bestimmt die Richtung angeben, in welcher der auf ihn aus einer Entfernung von vielleicht mehreren Kilometern wirkende Magnetiseur sich befindet!"
Im nächsten Absatz klärt er uns über die schädlichen Wirkungen der Suggestion und der Hypnose auf, die man auch für magische Zwecke missbrauchen kann: *„Dabei wird dem Kraken gewöhnlich durch Anwendung schädlicher Mittel, in den magnetischen Schlaf gebracht und*

in diesem Zustande, in welchem seine Seele willenlos ist, wird ihm befohlen, sich nach dem Erwachen gesund zu halten und zu stellen. Soweit der betreffende „Mediziner" heilmagnetischer Ausströmungen fähig ist, werden diese, wenn auch dem Mediziner unbewusst, auf den Kranken heilend wirken; soweit die Krankheit aber dem Kranken noch verbleibt, wird er sie, gehorsam dem hypnotischen Befehle, ableugnen und sich gesund erklären, dabei aber alle Leiden der Krankheit weiter erdulden und nur unfähig sein, sie auszusprechen. In diesem höllischen Zustande verbleibt der Kranke, bis der Zauberbann allmählich von ihm weicht oder der Mediziner vorher stirbt. Dies ist kein Gemälde meiner Einbildung, sondern leider nur zu sehr traurige Wahrheit."

Da jede Arbeit Kraft kostet, wie oben erwähnt, erfand der Autor diesen Strahlapparat. Er suchte nämlich die heil-magnetisch Kraft außerhalb des Körpers zu erzeugen und kam somit auf die Gesetze des Elektromagnetismus, dessen magische Umwandlung von elektrischen in magnetisches Fluid und umgekehrt Franz Bardon im „Adepten" genauestens erklärt hat: *„Das, was wir auf unserer Erde als Magnetismus und Elektrizität kennen, ist eine Erscheinung des vierpoligen Magneten, denn wie wir wissen, lässt sich durch willkürliche Umpolung aus Magnetismus Elektrizität und auf mechanische Art und Weise wiederum aus Elektrizität Magnetismus erzielen. Die Umwandlung einer Kraft in die andere ist eigentlich schon ein alchimistischer oder magischer Vorgang, der aber im Laufe der Zeit derart verallgemeinert wurde, dass er nicht mehr als Alchimie oder Magie angesehen, sondern einfach der Physik zuerkannt wird. Auf Grund dessen sehen wir, dass auch hier der vierpolige Magnet angewendet werden kann. Jeder Hermetiker weiß gemäß dem Gesetz um das Problem des Magnetismus und der Elektrizität nicht nur im Körper, wie im letzten Kapitel gesagt, sondern auch in der grobmateriellen Welt, dass das, was oben ist, auch das ist, was unten ist. Jeder Eingeweihte, der die Kräfte der Elemente oder das große Geheimnis des Tetragrammatons auf allen Ebenen anzuwenden versteht, ist auch imstande, auf unserer materiellen Welt Großes zu leisten, was in den Augen der Uneingeweihten als Wunder gelten würde."* (Kapitel: Die grobmaterielle Ebene oder die grobmaterielle Welt).

Der Forscher Korschelt suchte nach Analogien und hörte sich einen Vortrag vom Physiker H. Hertz an, der darin über lange Wellen, die zwischen zwei nahen Drahtspitzen einen übergehenden Strom in Funken bilden. Da diese Umwandlung von Ätherwellen in Magnetismus wie oben dargelegt, vonstatten geht, erfand Korschelt den Apparat, welche die Zeichnung wiedergibt:

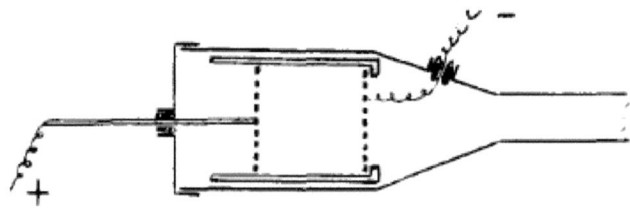

Mehrere Versuche bestätigten dem Forscher, dass dieser Apparat die gleiche magnetische Wirkung erzeugten wie mit den Händen.

„Durch Verschieben der positiven Scheibe, so dass sie der negativen Scheibe näher oder ferner stand, konnte die Wirkung des Apparates abgeändert werden. Für gewöhnlich hielt ich die Entfernung der Scheiben auf sechs Zentimeter. Näherte ich die Scheiben einander, so wurde die Wirkung stärker, heftiger, so zu sagen stechender, als wenn die Wellen kürzer geworden wären. Solche Nahestellung wandte ich bei Unempfindlichen an. Stellte man die Scheiben auf größeren Abstand, so fühlte man sich angenehmer, ruhiger beeinflusst, weil die Wellen länger waren. Ich beobachtete, dass jede Person mit einem bestimmten Abstande am besten harmonierte. Je einfacher die Leute sich nährten, und je ruhiger ihr Denken und Fühlen war, desto größer war der Abstand der Scheiben, desto länger also wahrscheinlich die von denselben ausstrahlenden Wellen. Vermutlich ist die Ursache davon, dass jeder Mensch sich bei einem gewissen, stets gleich bleibenden Scheibenabstande unter dem Rohre am wohlsten fühlt, die, dass dann die dem Rohr entströmenden und die im Körper selbst erzeugten Wellen gleiche Länge haben. Unser Streben nach körperlicher und sittlicher Gesundheit ließe sich dann als ein Streben nach Einstimmung auf große Wellenlänge bezeichnen.
Die dem Rohre entströmende Wirkung macht sich nicht nur an seiner Mündung bemerkbar, sondern erfüllt nach kurzer Zeit, etwa einer Viertelstunde das Zimmer. Man fühlt die Wirkungen, welche man bei direkter Bestrahlung des Hinterkopfes hat, nur erheblich schwächer.

Ferner nimmt die Luft in dem Zimmer einen frischen, angenehmen Geruch an, Waldartig, kühl erfrischend. Es ist das ein Beweis, dass der sogenannte Ozongeruch im Walde, um dessentwillen Kranke gern in Wäldern sich aufhalten, nichts mit dem Ozon zu tun hat, sondern dass wir in den Wäldern die langen Wellen riechen, welche in Masse von den Bäumen bei und durch den Wachstumsprozess emaniert werden. Ebenso wenig wie der oben beschriebene kühle Windhauch in einer Luftbewegung besteht, ist die Ursache des eigentümlichen frischen Geruchs ein die Wellen begleitender Riechstoff. In beiden Fällen handelt es sich um direkte, nicht durch Vermittelung der Sinnesorgane gemachte Wahrnehmungen der Seele, die unser Bewusstsein nur aus alter Gewohnheit in die Sinnesorgane projiziert. Es handelt sich hier um transzendente Erscheinungen. Man sieht übrigens auch die Wellen, wenn man mit geschlossenen Augen unter dem Rohre liegt, als schwingende Lichtstreifen!

Dass in der Tat das Zimmer, in welchem ein Apparat in Gang gesetzt wird, eine stark wirkende Kraft enthält, wird auch dadurch bewiesen, dass hochsensitive Personen, ohne sich unter das Rohr zu legen und auch, wenn eine andere Person unter dem Rohre liegt, durch bloßen Aufenthalt in dem Zimmer nach wenigen Minuten in den sogenannten Trance verfallen und so lange darin bleiben, als man den Apparat nicht abstellt. Ich hätte am liebsten diesen Umstand verschwiegen, denn nun werden die Hypnose-Narren unter den Medizinern und Nicht-Medizinern gewiss nicht verfehlen, sich meiner Apparate zur Hervorbringung des Trance zu bedienen und ihre unglücklichen Opfer durch stundenlanges Liegenlassen unter dem Apparat in den Trance hineinquälen. Es ist ein schwacher Trost für mich, dass jede Sache vernünftig und unvernünftig angewendet werden kann und dass das Gute, das mein Apparat den Menschen bringen wird, das Böse, das durch ihn die Hypnose-Narren den Menschen zufügen werden, bei Weitem überwiegen wird. Jede Schuld rächt sich auf Erden, nicht bloß an denen, die sie direkt tragen, sondern auch an denen, welche in irgendeiner Weise Ursache dazu gegeben haben."

Korschelt ist jedoch der Meinung, dass die Kraft vom Apparat auch ohne dem Magnetismus wirken kann, wobei es sich aber um einen Irrtum handelt. Die Ätherteilchen sind diffus und brauchen eine Richtung, die ihnen der Apparat gibt und diese Richtung bildet die geschulte Imagination.

In Kapitel III. behandelt Korchelt das Od, das Prana oder die Lebenskraft von Freiherr von Reichenbach. Selbiger weist in seinem Buch

„Physikalisch-physiologische Untersuchungen über die Dynamide des Magnetismus usw." nach, dass es möglich ist aus chemischen Bestandteilen Lebenskraft herzustellen:

„*139. Ein Glas durch Wasser verdünnte Schwefelsäure und ein Eisendraht wurden dem Fräulein Maix in die Hand gegeben. Nach einiger Pause steckte ich den Draht in dir Säure, und die Auflösung trat mit reichlicher Entwickelung von Wasserstoffgas ein. Sogleich fand sie den Draht an Wärme wachsen bis zu scheinbarer Hitze; kühle Luft verbreitete sich dagegen in der ganzen Umgebung des Glases."*

„*143. Ich war neugierig zu sehen, ob mittelst chemischer Tätigkeit ein Glas Wasser sog. magnetisch zu machen sein würde. Zu dem Ende stellte ich zwei Gläser in einander. In das innere goss ich Brunnenwasser, in das äußere doppelt kohlensaure Natronflüssigkeit. In diese streute ich nun Weinsäure, und ließ von weiblichen Händen langsam umrühren, bis alle Aufwallung sich beruhigt hatte. Nun ließ ich das innere Glas herausheben und dem Fräulein Maix zu trinken reichen. Es erfand sich als vollkommen magnetisiertes Wasser so stark, als es 5 Minuten Sonnenschein ergehen hätten, nicht aber so stark, als bei den früheren Versuchen mit 20 Minuten Sonne. Nachdem sie es gekostet hatte, unterwarf ich dasselbe Glas Wasser noch einmal dem nämlichen Vorfahren; jetzt wieder getrunken, fand sie es noch einmal so stark magnetisch. Mittelst des Chemismus ist man also im Stande, Wasser magnetisch zu machen, so gut als mit Magnet selbst."*

Diese Aussage deckt sich mit der Umwandlung von elektrischen in magnetisches Fluid oder umgekehrt wie es Bardon in seinem Werk beschriebt.

Weiteres sagte Reichenbach: „*Überall demnach, wo chemische Tätigkeit statt hatte, trat auch Licht und Flamme für die Sensitive in der Finsternis auf."*

Somit stimmt die Aussage im „Frabato" mit der Wahrheit überein, dass mittels des Tepaphon chemische und thermische Strahlen übertragen werden können. Es lassen sich reichhaltige Versuche und Experimente mittels des Gerätes tätigen. Der Autor des Werkes „Strahlapparat" bestätigt dies selbst auf Seite 92: „*Trotzdem möchte ich nicht den allgemeinen Schluss aus diesen Versuchen ziehen, dass Od nicht im Stande ist, chemische Prozesse anzuregen. Es gilt dies nur für die von mir inne gehaltenen Versuchsbedinguugen, und ich zweifle nicht, dass noch die günstigen Versuchsbedingungen werden aufgefunden werden, unter welchen Od alle solche chemischen Reaktionen sich direkt vollziehen lässt, welche positive Wärmetönung haben und jetzt nur durch Zwischenträger sich vollziehen."*

Korschelt fasst die hermetischen Aussagen von Freiherr von Reichenbach in seinem Buch zusammen und es ergeben sich Folgerungen für Physik und Physiologie. Jedoch, und das behauptet er zu recht, wurden die Analogien von Nord- und Südpol und Negative und Positiv falsch angegeben. Deshalb gehen wir einen Schritt weiter und verwenden die exzellenten Parallelen des Meister Arion:

1. Die tausendjährige Beobachtung, dass der Magnet auf den menschlichen Organismus fühlbar reagiere, ist weder Lug-, noch Trug, noch Aberglauben, wie viele Naturkundige heutzutage irrtümlich meinen und ausgeben, sondern eine wohlbegründete Tatsache, ein physikalisch-physiologisches Gesetz in der Natur.

2. Von der Richtigkeit und Genauigkeit dessen sich zu überzeugen, ist eine ziemlich leichte, überall ausführbare Sache; denn überall gibt es Leute, deren Schlaf durch den Mond mehr oder weniger beunruhigt wird, oder die an nervösen Verstimmungen leiden; fast alle diese empfinden stark genug die eigentümlichen Reizwirkungen des Magnets, wenn er streichend vom Kopf über ihren Leib herabgeführt wird. Zahlreicher noch finden sich gesunde und rüstige Menschen allenthalben, welche den Magnet ganz lohhaft empfinden; viele fühlen ihn schwächer; manche erkennen ihn noch leise; die große Menge endlich nimmt ihn gar nicht mehr wahr. Alle diejenigen, welche diese Reaktion erkennen, und deren Anzahl den dritten oder vierten Teil der Menschheit auszumachen scheint, werden hier mit dem gemeinschaftlichen Ausdrucke „Sensitive" bezeichnet.

3. Die Wahrnehmungen jener Einwirkung drängen sich hauptsächlich den beiden Sinnen des Gefühls und des Gesichts auf, des Gefühls, durch eine Empfindung von scheinbarer Kühle und Lauwärme; des Gesichts, durch Lichterscheinungen bei lange anhaltendem Aufenthalt in tiefer Dunkelheit, welche von den Polen und Seiten der Magnete ausströmen.

4. Die Fähigkeit, solche Wirksamkeit auszuüben, kommt nicht bloß dem Stahlmagnete, wie wir ihn aus unseren Werkstätten hervorgehen sehen, oder dem natürlichen Magneteisensteine zu, sondern die Natur gewährt sie noch in einer unendlich mannigfaltigen Zahl von Fällen. Zunächst ist es der gesamte

Erdball, welcher mittelst des Erdmagnetismus auf sensitive Menschen stärker oder schwächer einwirkt.
5. Dann ist es der Mond, welcher mittelst ganz derselben Kräfte gegen die Erde und sofort gegen die Sensitiven reagiert.
6. Es sind ferner alle Kristalle, natürliche und künstlich erzeugte, und zwar in der Richtung ihrer Achsen.
7. Ebenso ist es die Wärme;
8. Die Reibung
9. Die Elektrizität;
10. Das Licht;
11. Die Strahlen der Sonne und der Gestirne;
12. Insbesondere der Chemismus:
13. Dann auch die organische Lebenstätigkeit, sowohl
    a. der Pflanzen, als auch
    b. der Tiere, namentlich des Menschen,
14. Endlich die gesamte Körperwelt.
15. Die Ursache dieser Erscheinungen ist eine eigentümliche Kraft in der Natur, welche das ganze Weltall umspannt, verschieden von allen bis jetzt bekannten Kräften, hier mit dem Worte „Od" (von Odin abstammend = das Leben) bezeichnet.
16. Od ist Lebenskraft; Magnetismus ist ein anderer Begriff dafür, steht andererseits aber auch für das magnetische Fluid.
17. Die odische Kraft besitzt Polarität. An beiden Polen des Magnets tritt sie mit konstant verschiedenen Eigenschaften auf: am Nordpol erzeugt sie auf das Gefühl bei herablaufendem Striche in der Regel eine Empfindung der Kühle und in der Finsternis blaue und blaugraue Leuchte; am Südpol dagegen eine Empfindung wie Lauwärmer und rote, rotgelbe und rotgraue Leuchte. Nächst den Magneten sind es die Kristalle und die lebenden organisierten Wesen, an welchen sich odische Polarität deutlich zu erkennen gibt.
18. An den Kristallen sind es die Pole der Achsen, an denen die Odpole sich befinden.
19. An Pflanzen ist im Allgemeinen der aufsteigende Stock dem absteigenden Stocke odpolar entgegengesetzt; es finden sich aber noch unzählige untergeordnete Polaritäten in allen einzelnen Organen usw.
20. An Tieren, wenigstens an Menschen, steht die ganze linke Seite in odischem Gegensatz gegen die ganze rechte. Zu Polen konzentriert

tritt die Kraft in den Extremitäten, den Händen und Fingern, dann in den beiden Füßen auf, in ersteren stärker, in letzterer schwächer. Innerhalb dieser allgemeinen Polaritäten finden sich aber unzählige kleinere untergeordnete Sonderpolaritäten der einzelnen Organe gegeneinander und in sich. Männer und Frauen sind qualitativ odisch nicht verschieden.
21. Am Erdhall ist der Nordpol für negativ, der Südpol für positiv angenommen worden. An Kristallen zeigte sich demzufolge der kalte Abstrich gebende Pol odnegativ, der lauen gebende odpositiv. An Pflanzen ergab sich im Allgemeinen die Wurzel negativ, der Stamm und seine Spitzen positiv. Am Menschen wirkt die rechte Seite, ihre Hand und Fingerspitzen lau, widrig und rotleuchtend, folglich odpositiv; die linke Seite, Hand und Fingerspitzen kühl, angenehm und blauleuchtend, also odnegativ. Bei allen Tieren wird es nicht anderes sein.
22. Die Erwärmung und die Reibung zeigen + Od; die Erkühlung – Od. Chemische Aktion wechselt ihren odischen Wert nach Beschaffenheit der in die Tätigkeit eingetretenen Stoffe.
23. Von den Gestirnen zeigen sich die, welche ohne eigenes Licht sind, wie der Mond und die Planeten, der Hauptwirkung nach odnegativ; jene, welche Selbstleuchter sind, wie die Sonne und die Fixsterne, der Hauptwirkung nach odpostiv. Das Spektrum derselben zeigt sich aber wieder für sich polarisiert!
24. Die odische Kraft lässt sich an den Körpern fortleiten; alle festen und flüssigen Körper leiten Od auf bis jetzt ungemessene Entfernungen. Nicht nur Metalle, sondern auch Gläser, Harze, Seide, Wasser sind vollkommen gute Odleiter. In etwas geringerem Grade leiten nur welliger zusammenhängende Körper, wie trockenes Holz, Papier, Baumwollenzeuge, Wolle udgl. Es findet also einiger, jedoch nur schwacher Übergangswiderstand von einem Körper auf den anderen statt.
25. Die Leitung von Od bewerkstelligt sich viel langsamer als die von Elektrizität, aber viel schneller, als die Wärme: an einem langen Drahte hin vermag ein Mensch ihr beinahe zu folgen, wenn er sich beeilt.
26. Das Od lässt sich verladen, von einem Körper auf den andern bringen, oder wenigstens: ein Körper, an welchem freie Äußerung von Od statt hat, vermag einen anderen in ähnlichen odisch

erregten Zustand zu versetzen.
27. Die Verladung wird durch Berührung bewirkt. Aber auch bloße Annäherung ohne wirkliche Berührung reicht schon dazu aus, doch mit schwächerer Wirkung.
28. Die Verladung vollzieht sich nicht so schnell, sondern bedarf zu ihrer Erfüllung einiger Zeit, mehrerer Minuten.
29. Weder bei der Leitung, noch bei der Verladung zeigt sich Polarität in der Aufstellung des Ods in den Körpern; diese scheint vielmehr ein Angebinde gewisser Molekularanordnung der Materie zu sein.
30. Die Andauer des odischen Zustandes der Körper nach vollbrachter Ladung und Entfernung von dem ladenden Gegenstande ist nur kurz, verschieden nach Beschaffenheit der Materie, für gesunde kräftige Sensitive selten über einige Minuten erkennbar, für kranke Hochsensitive bisweilen noch nach einigen Stunden fühlbar, z. B. magnetisiertes Wasser. Die Körper besitzen also eigene Zusammenhaltungskraft für das Od.
31. Die Körper, welche durch Zuleitung und Ladung geodet worden sind, z. B. Metalldrähte, liefern an ihren entgegengesetzten Enden fühlbare herausdringende Odströmungen, lau oder kühl, positiv oder negativ, wie die Pole, von denen sie ausgingen.
32. Das Od teilt die Eigenschaft zweier verschiedener Zustände: den eines passiven und aktiven, d. h., eines langsam hindurchziehenden und den eines strahlenden Flusses.
33. Elektrische Ströme bringen auf alle anderen Menschen oder Körpern odische Bewegungen hervor. In den elektrischen Wirkungskreis gebrachte Metalle zeigen die lebhaftesten Oderscheinungen.
34. Die odisch erregten Körper senden Licht aus; die odischen Eindrücke durchs Gefühl sind Wärme oder Kühle.
35. Das Odlicht der amorphen Körper ist eine Art von schwachem äußeren und inneren Erglühen anscheinend durch die ganze Masse hindurch, ähnlich der Phosphoreszenz und mit ihr vielleicht auf einerlei Grundlage ruhend; ein feiner leuchtender Schleier, wie zarte, flaumige Flamme, umhüllt sie. Bei verschiedenen Körpern tritt dieses Licht in verschiedenen Farben auf – je nach elementarer Beschaffenheit –, blau, rot, gelb, grün, purpurn, meistens weiß und grau. Einfache Körper, namentlich Metalle, leuchten am hellsten; zusammengesetzte wie Oxyde, Sulfide, Jodide,

Kohlenwasserstoffe, Silicate, Salze aller Art, Gläser, ja die Mauern der Zimmerwände, alles leuchtet.
36. Wo das Odlicht polarisch im Magneten auftritt, bildet es einen von den Polen ausgehenden flammenartigen Strom, der in der Richtung der Magnetanne fast gradlinig fortgeht, und mit der Entfernung vom Pole sich etwas erweitert, während er an Lichtintensität abnimmt. Er ist bunt in allen Regenbogenfarben, bleibt jedoch am positiven Pole vorherrschend rot, am negativen vorherrschend blau. Nebenbei bleiben Magnete, Kristalle, Hände, ähnlich den amorphen Körpern, durch ihre Masse hindurch leuchtend, odglühend, und ebenso mit einem feinen, leuchtenden dunstigen, Schleier allenthalben umfangen.
37. Die Menschen leuchten fast überall auf ihrer Leibesoberfläche, vorzüglich aber an den Händen, dem Handteller, den Fingerspitzen, den Augen, verschiedenen Stellen am Kopfe, der Magengrube, den Fußzehen u. a. Ortes. Von allen Fingerspitzen aus, in gerader Richtung der verlängerten Finger, strömen flammenähnliche Lichtergüsse von verhältnismäßig großer Intensität.
38. Die Elektrizität, selbst schon die bloße elektrische Atmosphäre, erzeugt und verstärkt in hohem Grade die odischen Lichterscheinungen, jedoch nicht augenblicklich, sondern nach einer kleinen Pause von ein paar Minuten.
39. Ein Elektromagnet verhält sich wie gemeiner Magnet in Beziehung auf odische Lichtemanationen und in eben dem Maße, in welchem er magnetischer Steigerung fähig ist, ist er gleichzeitig zu Verstärkung der Lichterscheinungen geeignet.
40. Sonnenstrahlen und Mondschein erzeugen auf allen Körpern, auf welche sie fallen, Odladung, welche an Drähten ins Finstere geleitet, an deren Spitzen Odflammen geben.
41. Wärme, Reibung, Feuerlicht bringen an ins Finstere geleiteten Drähten und ihren Spitzen sichtbare Leuchten hervor, eine Flamme ähnlich einem Kerzenlichte.
42. Jede chemische Aktion, wenn es auch nur einfache Lösungen in Wasser oder Ersätze von Kristallisationswasser bei verwitterten Salzen sind, bewirken in eingesetzten Drähten ganz dasselbe in starkem Maße. Aber auch für sich strömen Zersetzungsprozesse Odflammen aus und verbreiten Odglut.
43. Der positive Pol gibt die kleinere, aber leuchtendere; der negative

die größere, aber lichtärmere Flamme; erstere, weil er gelb und rot, letztere, weil er blau und grau ist.
44. Die Odflamme strahlt Licht von sich aus, das andere Körper in der Nähe beleuchtet. **Es lässt sich in Glaslinsen sammeln und in einem Brennpunkte vereinigen.** Man muss also die leuchtenden Odemanationen der Körper und ihrer Pole überhaupt bestimmt unterscheiden von Odlicht im engeren und eigentlichen Sinne des Wortes.
45. Jede Odflamme lässt sich durch Luftbewegung fächeln, durch Hineinblasen hin und her beugen, verwehen und zersplittern; an festen Körpern anstoßend, biegt sie sich um, folgt ihrer Oberfläche und strömt daran hin, wie jede gewöhnliche Feuerflamme.
46. Man kann ihr jede beliebige Richtung geben, nach oben, nach unten, nach allen Seiten, sie ist also, bis auf einen gewissen Grad, unabhängig von den Einflüssen des Erdmagnetismus.
47. Die odischen Lichtausströmungen suchen Kanten, Ecken und Spitzen und finden an denselben der Elektrizität, ähnlich, leichteren Ausgang, übereinstimmend mit dem bei der Leitung beobachteten Übergangswiderstände: an jenen sprechen daher immer die Temperaturdifferenzen und die Lichterscheinungen vorzugsweise stark sich aus.
48. Die an ungleichnamigen Polen ausströmenden Odflammen zeigen kein Bestreben, sich miteinander zu verbinden; es findet durchaus keine merkbare gegenseitige Anziehung statt, und somit auch hierin gänzliche Verschiedenheit vom magnetischen Agnes.
49. Alle odpositiven Körper strömen warme, alle odnegativen kalte Odflammen aus, die Odflammen tragen demnach in Bezug auf scheinbare Temperatur den Charakter ihres Pols, und diese gibt somit einen Ausdruck für die odische Beschaffenheit der zugehörigen Körper.
50. In manchen Krankheitszuständen, namentlich bei kataleptischen Anfällen, ist eine eigentümliche Art von Anziehung beobachtet worden, welche die Odpole des Magnets, der Kristalle, der Hände, gegen die krankhaft sensitive Hand ausüben. Sie ist ähnlich der des Magnets gegen Eisen, jedoch ohne Gegenseitigkeit, d. h, ohne dass von der sensitiven Hand auch umgekehrt merkbare Anziehung gegen die Odpole ausgeübt würde. Selbst durch Leitung und Verladung odisch gemachte Gegenstände brachten teilweise diese

auffallende Wirkung hervor.
51. Im tierischen Organismus stimmen Nacht, Schlaf und Hunger die odischen Ausflüsse herab; Nahrung, Tageslicht und Tätigkeit steigern und erheben sie. Im Schlafe versetzt sich der Herd der odischen Tätigkeit auf andere Stellen im Nervengewebe. Innerhalb der 24 Stunden des Tages und der Nacht findet ein periodischer Rhythmus, ein Ab- und Zunehmen derselben im menschlichen Leibe statt.
52. Einige Anwendungen von den durch gegenwärtige Unternehmungen ermittelten odischen Gesetzen sind gemacht worden auf die teilweise Erklärung des sogenannten magnetisierten Wassers; ferner des Lichtes bei schnellen Kristallisationen; des über Gräbern beobachteten Lichtscheines; des mysteriösen Ereignisses in Pfeffel's Garten bei Colmar; des sogenannten magnetischen Zubers; gewisser Wirkung der Verdauung; der Atmung; mancher sonderbaren Abneigungen der Menschen; der Notwendigkeit, sensitive Kranke im magnetischen Meridiane zu lagern; der Anziehung von Magneten und Händen gegen Kataleptische; des odischen Zustandes des menschlichen Körpers; der täglichen und stündlichen Zustandsveränderungen desselben; und endlich einiger Eigenschaffen und Ursachen des Nordlichtes.

Man erkennt an dem oben Erwähnten, dass Korschelt sich sehr mit den okkulten Wissenschaften beschäftigt hat, obwohl er Heilpraktiker war. Das sieht man auch an seinen Zitaten aus der esoterischen Zeitschrift „Sphinx", 1889: „Od und Elektrizität".
Weitere Eigenschaften des Strahlengerätes, als diejenige, eben das Licht und auch die unsichtbaren, aber thermometrisch erkennbaren, dunklen Wärmestrahlen fortzupflanzen, wurden dem Äther bisher nicht zugeschrieben, weil keine experimentelle Nötigung dazu vorlag. Man dachte kaum an die Möglichkeit, dass der Äther noch viel weitergehende Eigenschaften haben könne; schon die Behauptung, dass der Äther existiere, bedrückte den Naturforscher von der strengen Observanz, da seine Existenz nicht direkt bewiesen werden kann! Nach Bardon leitet der Äther (Akasha) sämtliche Wellen oder Schwingungen, bestätigt durch Marby, Lomer und Guido von List. Herr Hertz (Physiker) bewies zum ersten Mal die wellenförmige Ausbreitung einer Kraft im Raume, eine Ausbreitung, welche in dem Medium des Äthers geschieht, da die

Geschwindigkeit desselben übereinstimmt mit der Lichtgeschwindigkeit. Bardon sagt: *„Die grobmaterielle Welt ist aus dem Akasha-Prinzip, das ist der uns bekannte Äther, entstanden; sie wird auch durch das Akasha-Prinzip geregelt und erhalten. Deshalb ist erklärlich, dass es eine Übertragung des elektrischen oder magnetischen Fluids ist, auf der alle Erfindungen basieren, die mit einer Fernübertragung durch den Äther zu tun haben, wie z. B. Radio, Telegraphie, Telefonie, Television und alle weiteren Erfindungen, die noch in Zukunft mittels des elektrischen und magnetischen Fluids im Äther erzielt werden."*

Der Autor Korschelt behauptet zur Äthertheorie und spricht damit das hellsehende Auge an: *„Angenommen, es gäbe ein Auge, dessen Retina nicht bloß für die kurzen Lichtwellen empfänglich wäre, sondern welches auch Längen von größerer Länge sehe, ein Auge, wie es den Sensitiven nach Reichenbach zugesprochen werden müsste, so würde dies die Erscheinungen beobachten können, welche Reichenbach beschreibt. Es würde von allen Körpern leuchtende Wogen ausgehen sehen, das Odlicht, verschieden an Färbung, je nach der Wellenlänge, verschieden an Ausdehnung, je nach der Intensität der Molekularbewegung. Ja, wenn das Auge nur empfindlich genug ist, muss es das Innere gewisser Körper leuchtend sehen, nämlich dann, wenn diese Körper regelmäßig gebaut sind, so dass die Ätherschwingungen im wesentlichen alle nach derselben Richtung polarisiert sind".*

Hertz hat nachgewiesen, dass polarisierte Wellen pulsieren, indem sie stärker bzw. schwächer je nach Annäherung werden. *„Prüfte ich die Funken im sekundären Leiter in sehr großen Entfernungen von dem primären Leiter, woselbst die Funken schon äußerst schwach waren, so bemerkte ich, dass die Funken wieder sehr deutlich zunahmen, wenn ich mich einer festen Wand näherte, um dann in unmittelbarer Nähe derselben fast plötzlich verschwinden."* Alles geht dem Rhythmus gemäß auf und ab, alles wechselt immerdar. Alles wird neu, verschwindet, und taucht eines Tages wiederum auf. Die Inder nennen das das Rad der Wiedergeburt. Wir nennen das die Gesetze des Elektromagnetismus.

Im IV. Kapitel geht es um „Die Nutzbarmachung der lebendigen Kraft des Äthers durch die Ätherstrahlapparate". Er entdeckte, dass Spiralketten nach links und nach rechts die beste Wirkung für den Menschen hätte, ohne einen Kraftaufwand hervorzurufen.

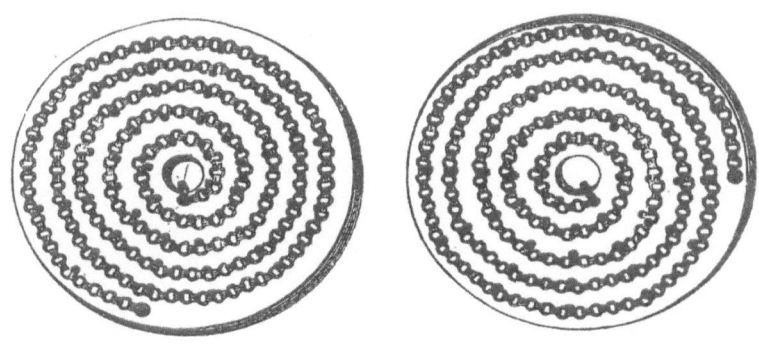

Fig. 4 + 5: Hier die Saug- und Strahlscheiben, welche Gregorius in seinem Roman „Exorial" verwendete, um ein Mitglied der F.S. zu töten. Siehe die Geschichte „Das dunkle Licht".

Eine Scheibe mit 8 Umgängen, welche für die Bestrahlung eines Menschen groß genug ist, hat somit einen Durchmesser von 16 cm. Korschelt bewickelte solche Scheiben auf beiden Seiten in der Weise, dass die einander gegenüberliegenden Umgänge beider Seiten sich decken. In Folge dessen erscheint die Spirale der einen Seite als Linksgewinde, von innen heraus gerechnet (Fig. 4) und die Spirale der anderen Seite als ein Rechtsgewinde (Fig. 5).

Es strahlen zwar beide Seiten aus, doch ist die Wirkung derselben verschieden. Das Linksgewinde strahlt nämlich bedeutend energischer und auch angenehmer für das Gefühl der Sensitiven aus. In Folge dessen ist immer daran festzuhalten, dass das Linksgewinde die Strahlseite und das Rechtsgewinde die Saugseite ist. Welche Stelle des menschlichen Körpers man auch bestrahlen mag, immer wird man daher das Linksgewinde gegen den Körper gerichtet halten.

Da nach Reichenbach das Od sich sowohl durch Strahlung, als auch durch Leitung fortpflanzen kann und das strahlende Od an Metallen in leitendes Od übergeht, so war zu erwarten, dass auch an den Strahlscheiben in irgendeiner schwer vorstellbaren Weise die strahlende d. h. geradlinig fortschreitende Bewegung des Äthers in leitende Bewegung übergehe. Letztere würde nur bei direktem Auflegen der Strahlscheibe auf den Körper nutzbar werden, bei Bestrahlung aus einem Abstande verloren gehen. Korschelt suchte daher nach Einrichtungen, durch welche die etwa an der

Strahlscheibe aus der Strahlbewegung des Äthers entstandene leitende Bewegung wieder in erstere überführt werde und fand eine solche in den in Fig. 6 abgebildeten zackigen Blechen.

Fig. 6

Ein Zinkblech und ein Stahlblech werden am Rande in Zacken ausgeschnitten, wie aus Fig. 6 ersichtlich ist. Die Zacken werden rechtwinklig umgebörtelt und die Bleche zusammengenietet. Stellt man nun eine Strahlscheibe und ein solches Zackenblechpaar einander in einem Abstande von 15-20 cm. gegenüber, so dass das Zinkblech der Strahlscheibe zugekehrt ist, und verbindet durch einen mit Seide übersponnenen Kupferdraht, dem man einige Spiralgänge von demselben Durchmesser wie die Strahlscheibe gibt, das Ende der Kette an der inneren Seite der Strahlscheibe mit einer Zinkzacke, so ist die Ausstrahlung vor dem Stahlbleche bedeutend stärker, als wenn die Strahlscheibe allein vorhanden wäre. Korschelt schätzte die Verstärkung der Ausstrahlung durch die Zackenbleche auf gewiss das zwei- bis dreifache der Ausstrahlung der Strahlscheibe. Die Erklärung für diese Tatsache kann nur darin liegen, dass die leitend gewordene Strahlbewegung des Äthers wieder in Strahlbewegung übergeführt wird. Die Wirkung des Apparates ist darauf begründet, weil er sich an die kosmischen Gesetze hält, welche z. B. durch die Form der Pyramide das Schärfen eines Messer bewirkt oder das Konservieren von Fleisch alleine ohne Hilfe hervorruft.

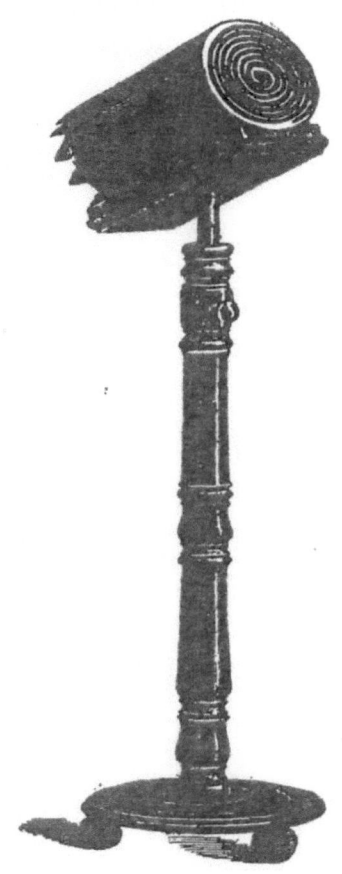

Fig. 7

Fig. 8

Seine Wirkungen sind mit denen eines Heilmagnetiseurs identisch und in Logenkreisen studiert worden. Die Wirkung wird so beschrieben (S.138):
„*Meistens wird die Herztätigkeit zwar kräftiger, der Puls aber langsamer, in Ausnahmefällen wird jedoch die Pulsfrequenz sehr gesteigert. Viele Personen fühlen unter dem Apparate sich von Kälte durchdrungen, andere wieder geraten in den heftigsten Schweiß. Dem einen nimmt der Apparat die Kopfschmerzen weg, dem andern gibt er welche, d. h. einen dumpfen Druck im Kopfe als Folge der **Überfüllung*** (siehe „Die Magie der Priester der Ur-Religion". Der Hrsg.) *mit der vom Apparate ausgestrahlten Kraft. Dem einen wird der Kopf kühl und klar, dem andern verursacht der Apparat Blutandrang nach dem Kopfe. Der eine wird durch den Apparat frisch und zu körperlichen und geistigen Kraftleistungen befähigt, auch sein Schlafbedürfnis verringert sich, der andere wird unter dem Apparate von einer unbezwingbaren Schläfrigkeit befallen oder muss bei täglicher Einwirkung des Apparates eine Zeit lang unbegreiflich viel schlafen. Wieder andere gibt es, die früher fest schliefen, aber mehr in einer Art Betäubung und dann mit dumpfem Kopfe und unerquickt erwachten. Bei diesen wird zunächst, und manchmal auf lange Zeit, durch den Gebrauch des Apparates der Schlaf unruhig, ja manchmal geradezu schlecht. Den meisten werden die Schmerzen, die sie gerade haben, gelindert und beseitigt, anderen wieder bringt der Apparat Schmerzen, die sie früher einmal hatten, wieder herzu, bis sie dann nach längerer oder kürzerer Zeit endgültig verschwinden. Dies richtet sich nach der seelischen Verfassung des Patienten."*

„*Fassen wir zunächst die Wirkungen ins Auge, welche die Äther-Strahlapparate auf Gesunde ausüben. Da zeigt sich bei dauerndem Gebrauche, z. B. wenn eine Ampel im Wohn- oder Schlafzimmer aufgehängt ist, oder wenn man eine Strahlscheibe an der Wand seines Bettes über dem Kopfe dauernd oder zeitweilig befestigt, vor allem ein vertiefter Schlaf. Derselbe hat bald die Folge, dass die Dauer des Schlafes abgekürzt wird. Menschen die sonst 8 oder 9 Stunden Schlaf brauchten, kommen bald schon mit 6 und 7 Stunden aus und können ferner die gewonnene Zeit zur Arbeit benutzen. Ferner tritt das Einschlafen auffällig rasch ein. Der Einfluss der dauernden Bestrahlung auf das Nahrungsbedürfnis ist sehr verschieden. Bei manchen Personen wird dasselbe ganz entschieden sehr verringert, obgleich gleichzeitig ihre Arbeitsfähigkeit sehr auffällig größer wird. Solche Personen sind immer hochsensitiv. Die Mehrzahl erhält aber gerade umgekehrt ein Wachsen des*

Appetites, wenigstens im Anfange oder zeitweilig, mit Zwischenräumen, in denen der Appetit eher unter das sonst Normale sinkt. Auch bei diesen Personen steigt die Leistungsfähigkeit. In solchen Fällen ist das verständlich genug; um so merkwürdiger ist es, das Anwachsen der Kraft bei der anderen, sensitiven Menschengattung zu beobachten, während doch die aufgenommenen Nahrungsmengen gleichzeitig auf die Hälfte oder ein Drittel gesunken sind. Das beweist unzweideutig, dass der Mensch zwei Kraftquellen zur Verfügung haben muss, die eine die Nahrung, die andere die lebendige Kraft der bewegten Ätherteilchen (=Schwingungen, Wellen, Ströme von Lebenskraft) Die Aufnahme von Kraft durch Aufnahme von Ätherteilchen in den Körper muss auch ein stets stattfindender, normaler Vorgang sein, der bei der Zufuhr von verdichteten Ätherteilchen in den Menschen durch die Äther-Strahlapparate nur in stärkerem Maße stattfindet.

Die Abscheidungen, sowohl der Exkremente, als des Urins, werden regelmäßiger und energischer.

Die Steigerung der Arbeitsleistung ist schon erwähnt worden. Sie ist bei geistigen wie körperlichen Arbeiten vorhanden und in beiden Fällen wirklich erstaunlich. Zu diesem Behufe kann man entweder dauernd sich bestrahlen lassen z. B. durch Aufhängen einer Ampel im Arbeitsraume oder durch Benutzung einer Strahlscheibe in der Nacht, und man wird dann bald bemerken, dass man Tag für Tag sehr viel mehr arbeiten kann, als sonst und Abends obendrein weniger ermüdet ist, ja sogar, dass man nach wenigen Wochen oder Monaten die Apparate ganz weglassen kann und doch die größere Arbeitsfähigkeit behält, oder aber man benutzt vor oder nach besonders großen Kraftausgaben die Strablscheibe oder den Stativ-Apparat mit Ausstrahler, nachher, um das entstandene Kraftdefizit rasch zu beseitigen und so der sonst eintretenden Ermüdung vorzubeugen, so dass sie nicht erst oder nur gelinde und kurz eintritt, vorher, um durch die in Folge der Bestrahlung entstandene Auffüllung mit Kraft befähigt zu sein, rasch eine große Kraftausgabe zu leisten, ohne dass nachträglich Ermüdung eintritt.

Die Erfahrungen, die ich in dieser Richtung gemacht habe, lassen mich nicht zweifeln, dass einmal überall da, wo schwer und anstrengend gearbeitet wird, in der Werkstelle sowohl, als auch über dem Schreibtische des Geschäftsmannes, die Äther-Strahl-Ampeln aufgehängt sein werden. Die Arbeit wird dann leichter und rascher verrichtet und damit die Arbeitszeit verkürzt oder mehr in derselben Zeit geleistet werden. Ich habe die Versicherung einiger Geschäftsleute, die nur, um mir gefällig zu sein, nicht aber, weil sie an die Sache glaubten, sich vor einigen Monaten eine Ampel über ihr Pult hängen ließen, dass nicht allein ihre Arbeitsfähigkeit sich beträchtlich gehoben habe, sondern einer versicherte mir auch, dass sein Gedächtnis, das vorher so unzuverlässig war, dass er eine ihm genannte Zahl nur durch Aufschreiben festhalten konnte, sich seitdem so gebessert habe, dass er sich keine Notizen mehr zu machen brauche. Augenfälliger noch, als die Steigerung der Arbeitsfähigkeit durch die dauernde Bestrahlung mit den Apparaten, ist die Änderung, die dadurch bei vielen im Charakter vorgeht. Es ist dies eine Tatsache, welche ich oft beobachtet habe, so dass ich mich da nicht täusche, wenn ich behaupte, dass eine große Sanftmut und Ruhe in den Charakter derer einzieht, welche sich dauernd bestrahlen lassen. Diese Änderung des Charakters findet ganz allmählich und unter Rückfällen statt, welche mit der Zeit immer seltener werden, bis endlich eine seltene Gleichmäßigkeit und Ruhe eintritt, die sich schließlich dauernd erhält. Es geschieht allerdings diese Veränderung der Seelenstimmung nicht bei allen Personen, welche sich bestrahlen lassen, doch aber bei einem ganz beträchtlichen Bruchteile derselben, und bei manchen ist die Umwandlung geradezu wunderbar zu nennen. Ich kenne eine Frau, die so zänkisch und bissig war, dass sie ihrer Umgebung mitunter ganz unausstehlich wurde. Seit sehr vielen Jahren war ihr Charakter immer gleichmäßig derselbe. Nach Anwendung einer Strahlscheibe begann sich schon in den ersten Wochen eine Milderung in ihrem Wesen bemerkbar zu machen. Jetzt sind vier Monate verflossen, und die Frau ist ein sanftmütiges Lamm geworden. Man wird sich denken können, wie in jener Familie meine Erfindung gepriesen wird. Ich erkläre mir diese höchst merkwürdige Erscheinung in der Weise, dass die Seele jener Frau dauernd zu schwach war, daher sich überangestrengt fühlte. Die Folge war Missstimmung und dauernd üble Laune, welche sich als körperliche Leiden (Schwindelanfälle usw.) nach außen reflektierten. Die Zufuhr von Kraft in dichterer und deshalb leicht aufnehmbarer Form durch die Strahlscheibe ermöglichte es jener Seele, ihren Kraftbedarf fortan ohne Anstrengung zu decken, damit war der Grund zur Missstimmung augenblicklich behoben. In der Ausdrucksweise des Tages würde man von den schwachen Nerven jener Frau, der Kräftigung derselben durch die Strahlscheibe und damit der Herstellung gleichmäßiger und ruhiger Stimmung reden."

Die oben erwähnte Wirkung zeigt sich nur durch den Rhythmus der

Spiralbewegung, welche entweder ein- oder ausstrahlend sich bemerkbar macht.

Weiters berichtet der Autor: *„Von allen Kranken sind es die Nervenkranken, bei denen man mit den Äther-Strahlapparaten am schnellsten und auffälligsten Erfolge erzielt. An Schlaflosigkeit Leidende finden gewöhnlich rasche und dauernde Beseitigung ihres Übels. Es genügt, die Strahlscheibe am Kopfende des Bettes etwas über Kopfhöhe so aufzuhängen, dass die Seite derselben dem Kopfe des Kranken zugewendet ist; die Dauer der Bestrahlung richtet sich ganz nach dem Zustande und der Aufnahmefähigkeit des Kranken und kann zwischen 5 Minuten und der ganzen Nacht schwanken. Eine halbe Stunde bei Frauen, eine Stunde bei Männern ist in den meisten Fällen die richtige Zeit. Welche Ursachen auch die Schlaflosigkeit hervorgerufen haben mögen, sie wurde in der Mehrzahl der beobachteten Fälle verringert und dann schließlich meistens ganz beseitigt. Darüber liegt mir schon eine beträchtliche Anzahl von eigenen Beobachtungen und Berichten vor, so dass an der Tatsache nicht zu zweifeln ist. Lässt man die Strahlscheibe länger auf sich wirken, als nötig ist, so erkennt man das am anderen Morgen am Eingnommensein des Kopfes, als wenn man zu lange geschlafen hat. Eine im Schlafzimmer aufgehängte Ampel, eine auf der Decke hängende Scheibe, die schwächer wirkt, als eine Strahlscheibe, genügt in den meisten Fällen auch schon.*

Bringt man die Strahlscheibe am Fußende des Bettes an, statt am Kopfende, so tritt die entgegengesetzte Wirkung ein, der Schlaf wird gestört, und zwar auch bei Gesunden. Das stimmt ganz damit überein, dass auch die Striche des Heilmagnetiseurs entgegengesetzte Wirkung haben je nach ihrer Richtung. Vom Kopfe zu den Füssen geführt, wirken sie beruhigend, einschläfernd, in umgekehrter Richtung von unten nach oben aufregend, Schlaf hemmend. Das ist wieder ein Beweis für die Identität der Ausstrahlung des Ätherstrahlapparates mit der des Heilmagnetiseurs.

Unter nervenschwachen Personen habe ich bis jetzt drei angetroffen, welche von den Apparaten nur aufgeregt wurden. Die eine Person kann mit dem Stativ-Apparate überhaupt nicht in derselben Wohnung ohne Unzuträglichkeiten sein. Auch wenn der Apparat sich nicht in demselben Zimmer befindet, treten dieselben ein, ja sogar wenn er im dritten Zimmer steht, wird seine Wirkung durch die Wände verspürt.

Die zweite Person fühlt sich bei kurzer Benutzung des Apparats wohltätig angeregt. Steht aber dann noch der Apparat in demselben Zimmer, so tritt Aufregung ein, die auch nach Entfernung des Apparates lange anhält. Eine

Kräftigung vermögen diese beiden Menschen aus dem Apparat anscheinend nicht zu ziehen. Bei beiden hat offenbar die Seele zwar die Fähigkeit, die Kräfte aus dem Apparat anzuziehen, nicht aber die Fähigkeit, dieselben zweckmäßig zu verwenden.
Eine dritte Person, eine ältere Dame, welche seit sehr vielen Jahren leidend ist und mitunter an heftigen, allgemeinen Nervenschmerzen leidet, erfuhr nach halbstündiger Bestrahlung mit dem Stativapparat eine schmerzhafte Wiederholung ihres Leidens. Als ich ihr aber eine „Blumenscheibe" gab, legte sie dieselbe eine halbe Nacht auf den Magen und hatte am nächsten Tage einen heftigen Husten, während sie doch überhaupt niemals in ihrem Leben Husten gehabt hatte. Durch eine mehrstündige Bestrahlung des Hinterkopfes am nächsten Abende traten wieder sehr heftige Nervenschmerzen ein, die aber bald vergingen, außerdem aber mehrere Tage lang starkes Fieber mit tüchtigem Schnupfen und Husten und massenhaftem Auswurf. Nach Verschwinden dieser Erscheinungen war das Befinden weit besser als früher. Es waren also durch die geradezu homöopathische Dosierung der schwächsten Strahlscheibe im Körper festgelagerte Fremdstoffe freigesetzt worden, was bei stärkerer Bestrahlung nicht gelungen war. Man lernt aus diesem Falle, dass die homöopathische Behandlung auch bei den Ätherstrahlapparaten für manche Personen vorzuziehen ist. Es müssen also diejenigen, welche mit den für Heilzwecke konstruierten Apparaten keine Erfolge haben, die Heilung durch die Blumenscheiben suchen (siehe Abbildung unten)."
„Bei den meisten Fällen von Nervenkranken waren solche Abscheidungen von Fremdstoffen in Krisen nicht zu beobachten. Die schwersten Formen heilen oder werden gebessert, ohne dass sich irgend etwas Besonderes ereignet.
Die Krankheit geht einfach langsamer oder schneller zurück, unter mehrmaligem Auf- und Niederschwanken der Symptome. So habe ich Platzkrankheit von langem Bestehen und Rückenmarksleiden in den Anfangsstadien geheilt, letztere in vorgeschrittenen Fällen gebessert oder, soweit bis heute zu urteilen, die volle Genesung zu erwarten.
Bei Rückenmarksleiden bestrahlt man zunächst am besten den Nacken und senkt dann alle fünf Minuten etwa das Stativ um einige Zentimeter, so dass in 30 bis 60 Minuten jede Stelle des Rückenmarks bestrahlt worden ist. Auch bei sehr vorgeschrittenem Leiden ist eine Besserung des Zustandes direkt nach der Bestrahlung stets wahrzunehmen gewesen. Kranken, die überhaupt nicht mehr gehen konnten, war es möglich, nach halbstündiger

Bestrahlung in der angegebenen Weise wieder eine Zeit lang im Zimmer auf und ab zu gehen. Ich habe keine Versuche darüber anstellen können, ob bei ununterbrochen fortgesetzter Bestrahlung auch das Gehen dauernd möglich ist. Jedenfalls war zu bemerken, dass Rückenmarksleidende große Mengen Ätherstrahlen ohne Beschwerde in sich aufnehmen und verwerten.

Bei Migräne konnte ich in einigen Fällen die Anfälle durch die Bestrahlung direkt abschneiden und durch dauernden Gebrauch der Strahlscheibe die Zeit zwischen den Anfällen immer mehr verlängern.

In all den Fällen, wo Blutandrang nach dem Kopfe besteht, ist die Bestrahlung des Hinterkopfes zu vermeiden, weil dadurch der Blutandrang hervorgerufen werden kann. Dann bestrahle man den Nacken oder, und das tue ich mit Vorliebe, die Magengrube d. h. das große am Unterleib befindliche Nervenzentrum des Sonnengeflechtes. Mir persönlich wirkt eine Strahlscheibe, vor das Sonnengeflecht gehalten, viel stärker und auch angenehmer, als gegen den Kopf. Mir dringt dann sofort eine so starke Kühle durch die Kleider, dass ich dasselbe Gefühl habe, als wenn ich mir einen kalten Umschlag machen würde. Man kann auch mit der Bestrahlung des Hinterkopfes und des Sonnengeflechts abwechseln. Am bequemsten vollzieht sich die Bestrahlung des letzteren durch Auflegen einer Strahlscheibe oder durch den hier nicht abgebildeten Wandapparat, Strahlscheibe mit Ausstrahler so montiert, dass das Ganze an zwei Haken an der Tür oder der Wand aufgehängt werden kann.

Bei sehr vielen Personen wirken die Äther-Strahlapparate schweißtreibend. Wird der Stativ-Apparat benutzt, so bemerkt man oft schon nach einigen Minuten Bestrahlung, dass das Gesicht sich rötet, die Haut warm und feucht wird. Nach fünf Minuten sieht man mitunter schon den Schweiß in Perlen sich absondern. Solche Schweiße sind den Betreffenden immer sehr wohltuend und angenehm erfrischend. Nimmt man den Apparat weg, so hören sie auch sehr bald wieder auf. Die Schweiße erstrecken sich meistens über den ganzen Körper, manchmal sind sie aber auch scharf lokalisiert. So kam ein gesundes, kräftiges Mädchen, das einige Jahre früher einen unbedeutenden rheumatischen Anfall in der linken Schulter gehabt hatte, durch Bestrahlung von wenigen Minuten in starken Schweiß über den ganzen Körper. Sie entzog sich weiterer Behandlung, da sie aber über einem Zimmer schlief, in welchem stets einige Apparate standen, so war die schwache Wirkung derselben durch die Decke hindurch nach einmal gegebener Anregung genügend, um regelmäßig Nachts weiter Schweiß abzusondern. Von nun an schwitzte sie aber nur in der linken Achselhöhle.

Das dauerte einige Wochen gleichmäßig stark fort, dann war mit einem Tage scharf abgeschnitten, der Schweiß verschwunden. Dieses plötzliche Aufhören der Schweiße habe ich seitdem noch in einigen Fällen beobachtet. Sie setzen dann in unregelmäßigen Zwischenräumen mitunter wieder ein und riechen häufig sehr stark.

In manchen Fällen ist die Schweißabsonderung auf wenige Quadratzentimeter Fläche beschränkt, so habe ich bei einer rheumatischen Verhärtung des Gelenks an der großen Zehe beobachtet, dass nach Bestrahlung des Hinterkopfes allein an dieser Stelle Schweißperlen hervorbrachen.

Bemerkenswert ist noch, dass Personen, die sich nur für nervös hielten, häufig ebenfalls in starken Schweiß gerieten.

Solche, die an kalten Händen und Füssen leiden, was ja seinen Grund in mangelnder Hauttätigkeit hat, kommen meist nicht zum Schwitzen, sondern nur zur Erwärmung dieser Körperteile, die dann gewöhnlich auch feucht werden. Verwundert habe ich mich oft über die ganz besonders große Freude, die solche Kranke über die Erwärmung ihrer Glieder zeigen.

Bei Gicht liegen nur wenige Erfahrungen vor, die günstig waren. Es kam zur Verringerung der Schmerzen und zum langsamen Rückgange des Leidens, wobei beobachtet werden konnte, dass starke, aber vorübergehende Belästigungen eintreten, wenn die festgelegten Fremdstoffe in größerer Menge in das Blut zurücktreten, als wie sie aus diesem ausgeschieden werden können. Hier muss man also die Bestrahlung genau nach der langsam zu steigernden Ausscheidungsfähigkeit des Kranken abmessen.

Wassersüchtige erhalten starke Schweiße und vermehrte Absonderung des Urins, wobei die Schwellungen oft rasch schwinden. Man bestrahle solche Kranke, wenn sie es irgend vertragen können, jede Nacht und lege noch eine Strahlscheibe mit dem Rechtsgewinde (Saugseite) an die Füße. Zwischen letztere und die Scheibe kommt dann zweckmäßig eine kleine Kupferplatte. So tritt eine lebhafte Strömung der Ätherteilchen vom Kopfe durch den Körper zu den Füssen hinaus ein, wodurch die seelischen Krankheitsstoffe mitgerissen und hinausgeschafft werden. Dann werden die körperlichen Krankheitsstoffe leicht abgeschieden, weil sie an den seelischen keinen Rückhalt mehr haben. Darüber ist überhaupt noch einmal ein Buch zu schreiben, wie die Krankheiten der Seele als Entsprechung Krankheiten des Körpers hervorrufen, dass also letztere, soweit sie in seelischen Krankheiten ihre Ursache haben und das ist die

Mehrzahl, ihr bestes Heilmittel nicht in Medizinen oder sonstigen äußerlichen Prozeduren finden, sondern in der Kräftigung der Seele (Äther-Strahlapparate) und noch besser in einer Läuterung der Seele, und dass also ein Körper, in dem eine wirklich gesunde Seele wohnt, niemals krank werden kann.

Bei Wassersüchtigen und überhaupt Nierenleidenden wird außer der Allgemeinbehandlung auch die Strahlscheibe noch lokal links und rechts des Rückens, wo die Nieren sich befinden, mit bestem Erfolge angelegt.

Magenleiden haben Heilung gefunden, ob sie nun in gestörter Verdauung oder in Geschwüren bestanden. Man legt die Strahlscheibe auf den Magen oder richtet den Apparat mit Ausstrahler dagegen. Gerade der Magen scheint sich mit Hilfe der Apparate sehr leicht heilen zu lassen.

Zahnschmerzen und Kopfschmerzen lassen sich meistens durch einmalige Bestrahlung entfernen. Ein Kind, das schon einige Wochen an Zahnschmerzen litt, die jeder Luftzug oder jede Aufnahme von Speise und Trank wiederbrachte, und das des Nachts wegen der Schmerzen sehr unruhig schlief, wurde durch einmalige Bestrahlung von fünf Minuten Dauer (Strahlscheibe) geheilt. Freilich war das Kind so empfänglich für den Ätherstrahl, dass es nach der Bestrahlung nur taumelnd geben konnte und in einen festen Schlaf von einigen Stunden verfiel (Trance), aus dem es schmerzfrei erwachte. Nach Ablauf eines Monats waren die Schmerzen auch noch nicht wiedergekehrt.

Es sind übrigens fast alle Kinder für den Ätherstrahl sehr empfänglich, weil in ihnen die Seele noch freier im Körper waltet, als in den Erwachsenen, in welchen mit zunehmendem Alter auch die schlechten Triebe und materiellen Neigungen zunehmen, womit entsprechend die Aufnahmefähigkeit für den Ätherstrahl abnimmt.

Einige Fälle von Pollutionen und geschwächter Geschlechtstätigkeit sind behandelt worden. Teils trat vollständige Heilung, teils Besserung ein. In einem Falle war große Schwäche durch viele Jahre in Folge von Pollutionen und allmonatlich sich wiederholende sehr starke Hämorrhoidal-Blutungen vorhanden. Der allnächtliche Gebrauch der Strahlscheibe einige Wochen hindurch kräftigte den sehr heruntergekommenen Mann wesentlich. Schwindsüchtige sind noch nicht – meines Wissens – zur Behandlung gelangt.

Akute Krankheiten sind, außer einigen Erkältungen und Influenza-Fällen, welche sämtlich durch die Strahlscheibe zum Rückgehen gebracht wurden, nicht behandelt worden. Wie nicht anders zu erwarten, suchten fast nur schwer chronisch Kranke, die vergeblich bei den vorhandenen Heilfaktoren Heilung gesucht hatten, die Behandlung durch die Äther-Strahlapparate. Da aber bei diesen Heilungen und Besserungen zu erlangen waren, so dürften diese bei den akuten Fällen erst recht eintreten."

Der saugende bzw. strahlende Teil der „Strahlenplatten" muss entsprechend mit dem magnetischen oder elektrischen Fluid geladen werden, welche durch Drehung der Scheibe – siehe die Geschichte von Gregorius – je nach Fall durch ihre spiralige Form einsetzbar wird. Denn das Prinzip der Erfindung beruht darauf, den diffus in der Atmosphäre sich bewegenden Äther zu „verdichten" und gleichzurichten, indem man ihn der Anziehung passend geformter fester Körper unterwirft, um ihn durch Rotation schließlich verdichtet oder gleichgerichtet oder beides von denselben ausstrahlen lässt. Die Apparate, durch welche er die Verdichtung und Gleichrichtung des Äthers bewirkte, wurden Äther-Strahlapparate genannt. Dieselben können aus jedem beliebigen festen Material hergestellt werden, da jedes Material auf den Äther anziehend wirkt, doch sind Metalle vorzuziehen, da diese am dauerhaftesten sind und am kräftigsten wirken, weil sie nämlich freie negative Ätherteilchen am zahlreichsten enthalten. Folgendes dazu:

1. *„Ein gerader Draht wirkt auf die Ätherteilchen in der Weise anziehend, dass sie ihn in einer geschlossenen Kurve umkreisen, wenn ihre Bahnrichtung senkrecht zum Drahte steht. Bildete die Bahnrichtung des geradlinig sich bewegenden Ätherteilchens einen Winkel mit dem Drahte, so wird es sich in einer Spirale um den Draht bewegen, die um so langgestreckter ist, je spitzer der Winkel der Bahnrichtung mit dem Drahte war. Je nach der Seite, von welcher die Ätherteilchen gegen den Draht sich bewegen und je nachdem sie über oder unter dem Drahte weggehen, hat die Spirale, in der sich die Ätherteilchen um den Draht bewegen, entweder ein Linksgewinde oder ein Rechtsgewinde. Da eine Linie zwei Richtungen hat, so schieben sich die Ätherteilchen in vier Weisen durcheinander den Draht entlang: rechtsherum hin, linksherum hin; rechtsherum her, linksherum her. Wenn man daher die Ätherteilchen sehen könnte, so lange, als sie sich im Anziehungsbereiche des Drahtes befinden, so würde man sie als eine Wolke gewahren, die innen rasch, außen langsam um den Draht wirbelte und wogte und an beiden Enden sich über den Draht hinaus fortsetzte, dabei allmählich sich ausbreitend und*

verlierend. Gegenstände in die Wolke am Drahte entlang oder vor die Drahtenden gebracht, werden von einer viel dichteren Äther-Atmosphäre umhüllt sein, als wenn der Draht nicht da wäre und, sofern der Äther auf Atome wirkt, diese Wirkungen entsprechend stärker erfahren.

2. *Ist der Draht in sich zurücklaufend, geschlossen, so findet die Ausstrahlung des Äther-Wirbels, wie an den Enden eines Drahtes, nicht statt, sondern der Äther rotiert um den Draht in einer Spirale in vielfachen Umläufen. Da immer neue Ätherteilchen angezogen werden, so erhöht sich die Dichtigkeit der Äther-Wolke um den Draht, bis ein Gleichgewicht insofern erreicht wird, als ebenso viel Ätherteilchen in der Zeiteinheit durch gegenseitige Beschleunigung aus der Wolke abgeschleudert werden, wie neu in dieselbe eintreten.*

3. *Nimmt man statt eines einzelnen geraden Drahtes mehrere, die man in einer Ebene anordnet, z. B. parallel oder auf den Radien eines Kreises oder dergleichen; oder nimmt man ein Drahtbündel, das im Raume parallel zu einander oder als Radien einer Kugel, oder einen Kegel, bez. einen abgestumpften Kegel erfüllend und in ähnliche Weise angeordnet ist, so hat man Äther-Strahlapparate, welche je nach der Anordnung eine Fläche, eine Linie oder einen Punkt mit Ätherteilchen bestrahlen. Je nach der Form, welche der zu bestrahlende Gegenstand hat, ist die passendste Anordnung der Drähte zu wählen und eine endlose Mannigfaltigkeit der Formen möglich.*

4. *Ebenso kann man anstatt eines in sich kreisförmig oder elliptisch usw., zurücklaufenden Drahtes deren beliebig viele von gleichem Durchmesser oder von verschiedenem Durchmesser oder gleichzeitig beides anordnen und auf diese Weise wieder die mannigfachsten Zusammenstellungen erhalten.*

5. *Stellt man zwei Drähte einander parallel in einem Abstande, welcher kleiner ist, als der Durchmesser ihrer Wirkungssphäre auf Ätherteilchen, so werden die um jeden Draht strömenden Ätherwirbel sich zum Teil durchschneiden und es finden dann gegenseitige Bewegungsbeschleunigungen und Verlangsamungen statt, wodurch einzelne Ätherteilchen den Anziehungsbereich der Drähte in einer Senkrechten zu der Ebene, in der die Drähte liegen, verlassen. Dasselbe gilt für konzentrische Drahtkreise.*

6. *Wickelt man einen Draht als Spirale um einen Zylinder oder einen Kegel, so wird ein Gegenstand, der in das Innere der Spirale gestellt wird, nicht nur von den die Drähte umflutenden Äther-Wirbeln, so weit sie ihn erreichen, bespült, sondern auch von denjenigen Ätherteilchen geradlinig durchdrungen, welche von den Ätherwirbeln abgeschleudert werden, was, wie leicht einzusehen ist, häufiger nach dem Inneren der Spirale, als nach außen geschehen wird und besonders häufig, wenn die Steigung der Spirale kleiner, als der Durchmesser der Wirkungssphäre des Drahtes ist. Man kann die Grundflächen des umwickelten Körpers ebenfalls spiralig bewickeln und so den zu bestrahlenden Gegenstand allseitig mit dem Strahlapparat umgeben.*
7. *Wickelt man einen Draht spiralförmig in einer Ebene, so werden die Ätherteilchen ebenfalls senkrecht zu der Wickelungsebene abgeschleudert. Nur wird der Strom der annähernd parallel den Strahlapparat verlassenden Ätherteilchen, nach dem Mittelpunkte der Spirale zu, dichter werden; eine Folge der nach innen stattfindenden Verengerung der Spiralgänge.*
8. *Äther-Strahlapparate, auf Grund der Betrachtungen in 5 bis 7 konstruiert, geben die Ätherstrahlen besser gleichgerichtet, als wie die früher beschriebenen Anordnungen. Schaltet man zwischen die aus irgendeiner der bis jetzt beschriebenen Anordnungen von Äther-Strahlapparaten, auch der im 5 und 7 beschriebenen, ausgehenden Ätherstrahlen und den zu bestrahlenden Gegenstand ein Blech ein aus einem beliebigen Metalle – oder mehrere Lagen Blech von demselben oder von verschiedenen Metallen, so wirkt dieses Blech oder diese Bleche ebenfalls gleichrichtend auf die sie durchdringenden Ätherstrahlen. Ist der Strahlapparat schraubenförmig um einen Zylinder, einen Kegel oder dergleichen gewickelt, so erhält das Blech die Form der umwickelten Körper und wird ebenfalls zwischen Strahlapparat und zu bestrahlenden Gegenstand angebracht. Es vermindert die Wirkung nicht, wenn Blech und Strahlapparat sich berühren. Zur Steigerung der Wirkung der Äther-Strahlapparate wende ich verschiedene Methoden an:*
9. *Ich verlängere tunlichst den Weg, welchen die Äther-Wirbel an den Drähten zurückzulegen haben, indem ich z. B. statt einfacher Drähte Kabel verwende, welche aus mehreren Drähten zusammen-*

gedreht sind, oder indem ich Drahtspiralen von möglichst geringem Durchmesser und geringer Neigung verwende. Sind größere Gegenstände zu bestrahlen, so verlängere ich den Weg noch mehr, indem ich eine einfache Spirale wieder in eine Spirale von möglichst geringem Durchmesser und geringer Steigung wickle. Die Drahtspiralen können auch statt aus einfachen Drähten aus Drahtkabeln gedreht sein. Je länger der Weg der Ätherteilchen an dem oder den Drähten des Äther-Strahlapparates ist, desto dichter werden die Ätherwirbel oder desto mehr Ätherteilchen werden senkrecht zum Strahlapparat gleichgerichtet abgeschleudert.

10. *Es ist nicht zweckmäßig, Drähte oder Drahtsysteme in den Strahlapparaten geradlinig zu machen, außer nach der Seite zu, die bestrahlt werden soll. Ein sehr zweckmäßig angeordneter Strahlapparat besteht daher aus einer Drahtspirale, die in einer Ebene als Spirale gewickelt ist. Noch ist an einer solchen Anordnung aber der Mangel, dass der Strahlapparat aus einem, nicht unterbrochenen Drahte besteht. Die Zeit, in welcher die Ätherwirbel den Strahlapparat vom Anfang bis zum Ende des Drahtes durchströmen, steht in direktem Verhältnis zur Zahl der senkrecht zur Spiralebene abgeschleuderten Ätherteilchen. Um dieselbe möglichst groß zu machen und so die Wirkung des Strahlapparates zu vermehren, benutze ich gern folgende Anordnung. Ich unterbreche die Drahtspirale in bestimmten Zwischenräumen, d. h. ich nehme eine Kette, deren Glieder aus kurzen Spiralen bestehen und von denen je zwei benachbarte rechtwinkelig zu einander stehen. Mit Vorliebe gebe ich jedem Gliede genau drei Spiralumgänge.*

11. *Die Zahl der in der Zeiteinheit einem Äther-Strahlapparate zuströmenden Ätherteilchen, also auch die Zahl der ihn verdichtet oder gleichgerichtet verlassenden Ätherteilchen ist in jedem Falle eine konstante Größe. Soll diese Zahl ohne Vergrößerung des Äther-Strahlapparates vermehrt werden, so benutze ich Zufuhrapparate. Diese konstruiere ich aus Drähten oder Drahtspiralen in der Art der Äther-Strahlapparate, nur gehe ich den Drähten oder Drahtspiralen in den Zufuhrapparaten einen solchen Abstand von einander, dass sich die Wirkungssphären der Drähte in denselben nicht oder wenig durchschneiden. Gewöhnlich*

wickele ich Drähte oder Drahtspiralen als Spirale in einer Ebene und führe den Draht aus dem inneren Ende der Spirale nach dem mit Ätherteilchen zu speisenden Äther-Strahlapparate. Der Draht des Zufuhrapparates wird irgendwo mit dem Draht des Strahlapparates verbunden. Solcher Zufuhrapparate können beliebig viele mit einem Strahlapparate verbunden werden. Ihre Verwendung ist besonders dann angezeigt, wenn frisch in den Sonnenstrahlen anlangende Ätherteilchen einen in diffusem Lichte, etwa in einem Zimmer stehenden Äther-Strablapparate zugeführt werden sollen.

12. *Das kräftigste Hilfsmittel zur Verstärkung der Wirkungen der Strahlapparate ist die Elektrizität. Nach Wilhelm Weber ist Elektrizität die Scheidung der positiven Ätherteilchen von den negativen unter Zerfall der Atome, welche sie bildeten und getrennte Ansammlung der Ätherteilchen mit verschiedenem Vorzeichen. Im elektrischen Strome fließen die positiven und negativen Ätherteilchen in entgegengesetzter Richtung zur Stromschließungsstelle, um sich da wieder zu vereinigen, wobei die durch die Verdichtung der Ätherteilchen zu Atomen frei werdenden Kräfte bekanntlich als Licht, Wärme, Massenbewegung oder chemische Wirkung sich äußern. Ist der Strom dauernd geschlossen, so tritt nur Wärme im Leitungsdraht auf. Die Vereinigung der positiven und negativen Ätherteilchen geschieht nicht momentan und nicht an einer einzigen, kleinen Stelle des Schließungsdrahtes, sondern in der ganzen Länge desselben und erfordert eine gewisse Zeit. Lasse ich also einen elektrischen Strom durch einen Strahlapparat gehen, so vermehre ich in demselben die freien negativen Ätherteilchen ungemein und zwar im direkten Verhältnis zur Stromstärke. Nach den früheren Betrachtungen folgt aber dann ohne Weiteres, dass auch der Radius der Anziehungssphäre und die Dichte der Äther-Wirbel um den Draht, sowie die Zahl der gleichgerichtet abgeschleuderten Ätherteilchen entsprechend vermehrt werden muss, d. h. elektrische Ströme, welche durch die Äther-Strahenapparate gehen, vermehren deren Wirkung. Zur gleichmäßigen Verteilung der Elektrizität im Strahlapparate lasse ich den positiven und negativen Strom an entgegengesetzten Ecken des Strahlapparates oder wenn derselbe aus einem fortlaufenden Stück Draht, Spirale oder Kette besteht,*

am Anfange und am Ende dieses Stückes eintreten und zwar zweckmäßig in der Weise, dass der negative Strom auf der Seite des Strahlapparates eintritt, auf welcher der zu bestrahlende Gegenstand sich befindet. Ist zwischen den zu bestrahlenden Gegenstand und dem Strahlapparate eine Blechscheibe oder mehrere Blechscheiben nach 8 eingeschaltet, so verbinde ich zweckmäßig die äußerste Blechscheibe mit dem negativen Strome auf der einen Seite, auf der anderen Seite mit der nächsten Scheibe und so fort und die innerste Scheibe mit dem Strahlapparat. Es ist vorteilhaft, diese Verbindungsdrähte spiralförmig in mehreren Windungen anzuordnen, so dass der Durchmesser der Spiralgänge dem Durchmesser der Blechscheiben bez. des Strahlapparates gleich ist. Der positive Strom wird dann an der dem zu bestrahlenden Gegenstande entgegengesetzten Seite des Strahlapparates befestigt. Ordnet man die Pole an den Strahlapparaten umgekehrt an, so erzielt man Wirkungen, die sich in mancher Beziehung von denen der gewöhnlich von mir angewandten Anordnung unterscheiden.

13. *Man kann einen Gegenstand, auf den die Ätherteilchen besonders kräftig wirken sollen, nicht nur der Bestrahlung eines, sondern auch mehrerer Strahlapparate aussetzen. Diese werden dann nebeneinander radial gegen den zu bestrahlenden Gegenstand oder auch hintereinander aufgestellt, wobei in Bezug auf gegenseitigen Abstand und Zahl der Strahlapparate keine Grenze gesteckt ist.*

14. *Will man hinter einander aufgestellte Strahlapparate durch den elektrischen Strom verstärken, so kann das in der früher beschriebenen Weise geschehen, indem man jeden Strahlapparat mit einem positiven und negativen Strome versieht. Man kann aber die Strahlapparate auch paarweise in der Art gruppieren, dass man den einen mit dem negativen, den anderen mit dem positiven Strome verbindet, wobei man zweckmäßig wie früher den vorderen Strahlapparat, der also dem zu bestrahlenden Gegenstande am nächsten steht, dem negativen Strome, den hinteren dem positiven Strome anschließt, obgleich dann kein Stromschluss nach den heutigen Ansichten der Wissenschaft stattfindet, so ist er tatsächlich doch da. Der Strom wird verbraucht und die Wirkung der Strahlapparate verstärkt. Wechselt man den Abstand der*

Strahlapparate bei gleichbleibender Stromstärke, so wird die Wirkung der Ätherteilchen nicht nur dem Grade, sondern auch der Art nach verändert.

15. *Die in den vorstehenden Punkten beschriebenen Kabel, Drahtspiralen und Spiralketten, auch die Strahlapparate, sofern sie als Spiralen in der Ebene oder dem Raume konstruiert sind, können als Rechtsgewinde oder als Linksgewinde gearbeitet werden. Es ist durchaus nicht gleichgültig, welches Gewinde man wählt und je nach dem Zwecke, welchen man mit einem Strahlapparate erreichen will, wird man ihn als Rechtsgewinde oder als Linksgewinde, oder teils als das eine, teils als das andere konstruieren, wenn er selbst eine Spirale ist. Ebenso nimmt man bald rechts gewundene, bald links gewundene Kabel, Drahtspiralen und Spiralketten, bald auch von beiden Arten. Ich habe es vorteilhaft gefunden, zu gewissen Zwecken Strahlapparate als doppelte Spiralen zu konstruieren; dabei nehme ich gern die dem zu bestrahlenden Gegenstande zugewandte Spirale als Linksgewinde, die andere als Rechtsgewinde; die die Spirale bildenden Kabel, Drahtspiralen oder Spiralketten nehme ich in solchem Falle gern mit demselben Gewinde, das die Spirale selbst hat. Doch sind auch andere Kombinationen wirksam und eine Unzahl von solchen ist möglich.*

16. *In den vorstehenden Punkten habe ich immer nur von Drähten, in der verschiedensten Form verarbeitet, als zur Herstellung von Strahlapparaten verwendbar gesprochen. Ich beschränke mich aber beim Bau der Strahlapparate auf Drähte nicht, sondern benutze die Metalle in jeder beliebigen Form, z. B. in jeder Art kantig ausgezogen: Bleche im Ganzen oder beliebig ausgestanzt, Blechstreifen, flach oder gedreht, mit einander verflochten; Niederschläge von Metallen aus Lösungen auf Papier, Holz oder andere Träger, die gleichmäßig oder in regelmäßigen Streifen im Träger abgelagert sind; Blechscheibchen, durch Drähte verbunden usw., usw.; schließlich auch massive Gefäße aus Metallen, in welchen sich die zu bestrahlenden Gegenstände befinden. Letztere wirken allerdings nur in technisch verwertbarer Weise, wenn gleichzeitig ein elektrischer Strom in sie hineingeleitet wird; wenigstens brauchen sie ohne denselben Wochen und Monate, ehe eine Wirkung bemerkbar wird. Auch kombiniere ich dieselben*

Metalle in den verschiedensten Formen zu Strahlapparaten, ebenso mehrere Metalle in gleichen oder verschiedenen Formen.
17. *Es ist nicht gleichgültig, welche Metalle man beim Bau der Strahlapparate verwendet. Sie übertragen zwar alle lebendige Kraft in die bestrahlten Gegenstände; jedes Metall gibt aber den von ihm im Strahlapparate verdichteten oder gleichgerichteten Ätherteilchen eine spezifische Wirkung mit, welche sehr merkbar ist. So rate ich z. B. ab, Strahlapparate für irgendwelche Zwecke aus Blei herzustellen, dagegen ist Gold für alle Zwecke gut verwendbar. Kupfer, Eisen, Zinn, Nickel, Silber, Gold, Zink oder Legierungen davon oder Drähte aus dem einen Metall mit einem Überzug aus einem andern Metall versehen, verwende ich vorzugsweise.*
18. *Es ist ferner nicht gleichgültig, welchen Ursprungs die Elektrizität ist, welcher man sich zur Erregung der Strahlapparate bedient. So wirkt ein Strahlapparat, der mit aus einem Dynamo stammender Elektrizität erregt wird, auf die Dauer anders, als ein anderer, bei dem man ein Chromsäure oder ein Kupfervitriol-Element verwendet. Ich finde, dass Elemente mit Kohle-Polen im Allgemeinen am günstigsten wirken, und ziehe daher solche anderen für die Erregung von Strahlapparaten vor. Auch Elemente mit Gold- oder Silberplatten verwende ich sehr gern wegen ihrer milden und angenehmen Wirkung.*
19. *Um die schädlichen Nebenwirkungen elektrischer Ströme abzuschwächen, lasse ich die Drähte, ehe sie mit den Strahlapparaten verbunden sind durch Wasser gehen, welches von Zeit zu Zeit erneuert werden muss. Auf diese Weise wird die Wirkung der Strahlapparate reiner, wahrscheinlich, weil vom elektrischen Strome in sehr geringer Menge aus den Elementen mitgerissene Substanzen sich im Wasser abscheiden.*
20. *Ich habe gefunden, dass das Wetter wesentlich die Strahlapparate beeinflusst. Namentlich ist Nebel oder Ruß oder Staub in der Luft schädlich, ebenfalls schädlich ist Regen und bewölkter Himmel. Am günstigsten wirken die Strahlapparnte bei hellem, klaren Wetter und Windstille oder gewissen Windrichtungen, die von lokalen Verhältnissen bestimmt werden. Ein Einfluss der Temperatur scheint weniger vorhanden zu sein, eher wirken die Strahlapparate aber bei kaltem Wetter besser. Das Wetter*

beeinflusst die Wirkungen der Strahlapparate so sehr, dass ich die Strahlapparate zur Erzielung gewisser Zwecke nur bei passendem Wetter verwenden kann.

21. *Die Strahlapparate lassen sich überall da vorteilhaft verwenden, wo Lebensprozesse stattfinden. Doch muss der Begriff „Leben" weiter gefasst werden, um den Wirkungsbereich der Strahlapparate zu decken, als es gewöhnlich geschieht. Die Strahlapparate wirken nicht nur günstig auf lebende Pflanzen, Tiere und Menschen, indem sie das Wachstum derselben beschleunigen, Krankheiten heilen, die Gesundheit fördern und daher verschönern und verjüngen, zu großen Kraftausgaben befähigen oder geschehene rasch ersetzen, sondern sie beschleunigen auch die Kristallisation und befördern auch jene eigentümlichen Lebensprozesse, welche in organisierten Stoffen stattfinden, nachdem sie von den Lebewesen abgetrennt sind, welche sie erzeugten, z. B. das Reifen des Obstes, das Altwerden alkoholischer Getränke, das Reifen des Tabaks usw. Sie befördern ferner in gewissem Grade die Haltbarkeit von alkoholischen Getränken und machen den Geschmack aller Stoffe intensiver und angenehmer."*

*

Hier endet das Buch von Korschelt. Wie man eindeutig sehen kann, ist dieser Apparat nicht nur für positive Zwecke nutzbar, sondern wie es in dieser Welt der Polarität üblich ist, kann man alles auch für negative Wirkungen verwenden. Es kommt immer, wie Franz Bardon richtig hinweist, auf die charakterliche Einstellung an.

*

Die nun zum Thema des Tepaphon passende Geschichte habe ich dem Logenroman der Fraternitas Saturin „Exorial" entnommen:

Das dunkle Licht:

„Die drei Gongschläge, welche die Rede des Meisters beendeten, waren verhallt. Es vergingen einige Minuten, in denen vollkommene Stille im Raume herrschte. Nur die gelben Wachskerzen knisterten. Da erhob sich von seinem erhöhten Platze, dem Meister gegenüber, der Bruder Redner der Loge und sagte:
„Brüder und Schwestern! Wir schreiten jetzt nun zu einem magischen Exerzitium, welches eine lange und sorgfältige Vorbereitung erfordert hat.

Gilt es doch heute, in einer magisch-exorzistischen Handlung eine geistige Heilung, oder besser gesagt, eine Befreiung unserer Neophitenschwester Lao vorzunehmen, die, wie Sie alle wissen, von einem Dämonium seit Jahren belastet wird. Die älteren Brüder im „Gradus Pentalphae" haben die oft bei der Schwester eintretenden, spontanen Spaltungserscheinungen beobachtet und studiert. Sie haben gefunden, dass hier eine Art Besessenheit vorliegt, indem ein Dämon astralen Ursprungs von der Seele und von dem Geiste der Schwester Lao Besitz ergriffen hat. Dieses dämonische Wesen muss selbst uralt sein und der Forschung nach in der zweiten altägyptischen Epoche das ihm eigene Wissen erlangt haben. Wahrscheinlich stammt es aus der Dynastie des Seth, des Priesterkönigs, und daher seine karmische Belastung. Worte und Äußerungen der Schwester Lao in von uns mit ihr erzeugten Trancezuständen deuten darauf hin. Sie hat Worte und Sätze in altaramäischer Sprache gesprochen, sie reagierte auf ägyptische und etruskische Symbolik im magnetischen Schlafzustande. Die Altphilologen in unserer Mitte hegen keine Zweifel mehr darüber, dass es sich hier um ein dämonisches Ego einer ägyptischen Priesterin handelt, die selbst ein hohes magisches Wissen besessen haben muss, denn allen bisherigen Bannexperimenten widerstand es und reagierte nicht auf die üblichen, einfachen Beschwörungspraktiken, die wir sonst in diesen Fällen erfolgreich anzuwenden pflegen. Sie wissen ferner, dass der magische Schutz unserer Bruderschaft, unter dem wir stehen, in Gefahr ist, durchbrochen zu werden durch Anziehung astraler weiterer Kräfte, solange eine derartige Lage oder auch nur die Möglichkeit einer Deformation unter uns, vorhanden ist. Bei einigem Nachdenken wird Ihnen wohl auch begreiflich sein, warum gerade dieses Dämonium mit Erfolg versucht hat, in uns Eingang zu finden, denn die alten magischen, ägyptischen Riten des Seth ähneln in ihrer inneren Struktur unseren eigenen saturnischen Ritualen. Man könnte sagen, die gleichen Wellenlängen unserer magisch-magnetischen Logenausstrahlung haben die Verbindung zu dem Dämonium ermöglicht, ohne dass wir es wollten, noch wussten. Wir können uns aber mit dieser Tatsache nicht abfinden und deshalb haben die älteren Brüder beschlossen, dieses astrale Wesen zu zerstören und hinab in den „Abyssus" zu schleudern. Es muss nun auch noch gesagt werden, dass dieses Dämonium aus der Bruderschaft, in einer uns ebenfalls noch unbekannten Weise, eine Art astrale Unterstützung erhält, die ihm bisher die Kraft gab, unserer Bannung zu widerstehen. Es war noch nicht festzustellen, zu welchem Bruder oder zu welcher Schwester diese astrale Reperkussion läuft, aber vorhanden muss sie sein, wenn wir auch annehmen, dass hier keine gewollte Hilfe oder Unterstützung vorliegt. Derartige Kraftentnahmen können ja, wie Sie wissen, ohne Willen des Individuums erfolgen, zumal unter den jüngeren Angehörigen der Loge. Diese alte gefährliche Art des Vampirtums aber reiht gewissermaßen seine Opfer aneinander wie Kettenglieder."

Vor den Augen Renatus entwickelte sich nun eine magische Handlung, wie er sie innerlich immer ersehnt hatte und deren Eindruck er noch jahrelang nicht überwinden konnte.

Der erste Aufseher der Loge, links vom Meistersitz, schlug neun schwere Hammerschläge.

„Bildet die magische Kette, ihr Brüder und Schwestern!" So rief der zweite Aufseher der Loge rechts vom Meister. „Nun atmen wir alle gleichmäßig und gemeinsam im Rhythmus und konzentrieren uns auf den Meister, um ihm unsere Kraft zu geben!"

*Renatus fühlte sich von den rechts und links von ihm sitzenden Personen eigenartig umschlungen. Er fühlte deutlich, wie sich von links ein Frauenfuß zwischen seine Füße drängte, wie sich ein weiblicher Körper unter knisternder Seide an ihn drückte, wie von rechts ein Männerarm sich auf seine Schultern legte. Er atmete tief und gleichmäßig wie alle anderen Menschen um ihn und jetzt fühlte er, wie eine Art von **magnetischer Welle** ihn rhythmisch durchströmte, die sehr stark fühlbar war und immer stärker wurde. Er wusste bereits, dass die so gebildete magisch-magnetische Kette dazu bestimmt war, die fluidalen Kräfte der gesamten Bruderschaft zu einem starken magischen Kraftimpuls zu vereinen und zielgerichtet durch den Willen, der sie leitet, ausgestrahlt werden können. Aber er staunte jetzt, wie stark er diese Kraftquelle selbst im eigenen Körper spürte.*

Kelterborn hatte ihm früher einmal verraten, dass die Loge auf diese Weise fernmagische „Heilungen und auch Fernsuggestionen" auszuüben pflegte, die meist auch von Erfolg gewesen sein. So gab er sich jetzt mit seinem ganzen Denken und seinem Fühlen diesem Impulse hin. Unterdessen hatte sich im Hintergrunde des Raumes eine Tür geöffnet und zwei dienende Brüder trugen eine eigenartige Bahre herein, die sie in die Mitte des Raumes hinstellten und schräg aufrichteten. Auf dieser Bahre lag eine nackte, junge Frau im tiefen Tranceschlaf, der sicher entweder durch Hypnose oder Magnetismus herbeigeführt worden war, denn der Zustand dieses Mediums zeigte ihm deutlich die Symptome des Tiefschlafes. Nur leise bewegte sich ihre Brust. Lange schwarze Haarflechten hüllten sie

teilweise ein. Die Konstruktion der Bahre war ähnlich der eines Arztstuhles im Mechanismus, nur war der Boden der Bahre, wie es ihm schien, aus starkem, schwarzem Glase. Auch die Füße der Konstruktion waren isoliert zum Schutze gegen die Erdstrahlen. Anscheinend bewegt durch einen geheimen Mechanismus öffnete sich nun der Boden zwischen der Bahre und dem Meisterpodium und langsam stieg eine weitere Konstruktion empor, deren Sinn sich Renatus erst im Laufe der magischen Handlung erklärte. Es war eine Art mit schwarzer Seide ausgeschlagener, großer Rahmen, in welchem eine über einen Meter große, nach innen etwas gewölbte, polierte Stahlscheibe hing. Zwischen Scheibe und Medium wurde nun ein kleines, niedriges Gestell aufgestellt, eine Art Dreifuß, wiederum mit einer Glasplatte, auf der ein Pergament mit geheimnisvollen, kabbalistischen Figuren lag. Alles dieses ging fast lautlos vor sich und wirkte nicht nur geheimnisvoll, sondern fast gespensterhaft auf Renatus. Wie unwirkliche Schemen bewegten sich die handelnden Gestalten im Raume. Die Spannung wurde immer stärker. Der ganze Raum war ein einziges, durchflutetes, magnetisches Feld, eingehüllt in immer dichter werdende Rauchschwaden des Räucherwerkes. Auf einen Wink des Meisters setzte sich die, wohl elektrisch angetriebene Scheibe, in Bewegung und begann eine rasende Umdrehung, so dass sie wie ein saugender Spiegel wirkte. Langsam, gemessenen Schrittes trat nun der Meister vor das Medium und begann in abziehenden, magnetischen Strichen aus der Gegend des Milzchakras, des Wurzelchakras und des Willenschakras die Striche so nach dem Pergament zuzuführen, so dass es deutlich wurde, dass er die entnommenen Odkräfte der jungen Frau durch öffnen seiner geballten Hände über dem Pergament – gewissermaßen auf dieses wieder einstrahlte, es also mit Odkräften auflud. Renatus hatte früher einmal in einem alten Buche gelesen, dass auf diese Weise künstliche Gedankenwesen erzeugt werden konnten. Er erinnerte sich an die Golemsage. Hier sah er nun die magische Praxis. Der Vorgang selbst dauerte nur wenige Minuten. Der Meister trat zurück in den Hintergrund und wieder herrschte fast lautlose Stille im Raume. Man konnte nur das Knistern der Seidenmäntel hören und das rhythmische Atmen der Menschen. Dazwischen tönte immer wieder von fern gedämpft, der regelmäßige Gongschlag.
Wieder vergingen Minuten. Da begann sich das Medium zu regen. Ein Zucken lief durch den Körper. Es war wie ein Krampf, ein Wehren. Renatus sah sich um, weil er glaubte, dass dasjenige, was er jetzt sah, eine

Sinnestäuschung sei. Er bemerkte aber ringsum nur die dunklen, verhüllten Gestalten, aus deren schwarzen Kapuzen die Augenpaare funkelnd und konzentriert nach dem Pergament starrten. Renatus erkannte, hier waren jetzt viele Willensimpulse zu einem einzigen Willen vereinigt und konzentriert. Er schaute nun wieder gespannt nach dem Pergament und sah jetzt deutlich, wie sich über demselben aus einer erst formlosen, feinen, ätherischen Substanz, die sich immer dichter ballte und größer wurde, ein Wesen formte. Bald konnte er eine menschliche Gestalt unterscheiden. Er sah den Körper, die Arme, die Hände sah, wie sich Gesichtszüge bildeten die sich immer konkreter ausprägten. Es war eine weibliche Gestalt, die sich dort formte und bildete. Aber es war nicht etwa ein Spiegelbild des Mediums, sondern diese Frau dort, dieses Wesen, war von schlanker Gestalt, viel größer als das Medium, mit langen, schwarzen Haaren, in der Mitte gescheitelt. Auf der Stirn trug sie einen goldenen Reif mit einem großen Blutrubin. Ihre Augenbrauen waren fast zusammengewachsen. Der Blick war starr und unbelebt, doch später trat ein drohender, böser und grausamer Ausdruck in die Augen. Man konnte sich vorstellen, dass dieses weibliche Wesen dort, der ganzen Haltung und Gesamterscheinung nach, eine dämonische Macht in sich verkörperte. Sonderbar war es, dass jetzt, deutlich wahrnehmbar, von dem Wesen dort eine Duftwolke ausströmte, ein eigenartiger, süßer Geruch, der die Sinne anregte. Jetzt bemerkte Renatus deutlich, wie die Frau dort ihre Augen im Raume gewissermaßen von Mensch zu Mensch gehen ließ, als wolle sie prüfen, jeden Einzelnen untersuchen auf seine Festigkeit, auf seinen Widerstand. Renatus erschrak, er fühlte genau, wie sich der Blick jetzt auf ihn selbst konzentrierte, ihn drohend, fordernd durchbohrte. Er merkte, wie sich seiner eine Schwäche bemächtigen wollte, seine Glieder begannen zu zittern. Er spürte deutlich, dass er diesen Blick nicht lange würde aushalten können, dass er ohnmächtig und willenlos werden würde. Andererseits sagte ihm seine Einsicht, dass er keinesfalls nachgeben dürfe, denn dann wäre der magische Kreis der Bruderschaft, die magische Kette, gesprengt und das Vorhaben der Loge würde sicher vereitelt sein. Doch immer schwächer wurde sein Widerstand. Dieser süße Duft betäubte ihn fast wie ein erotisches Stimmulanzmittel. Da, in letzter Minute, trat der Meister wieder in Erscheinung, aus dem Hintergrunde hervortretend. Er fing mit scharfer, harter Stimme von fast metallischem Klange, an zu sprechen. Renatus war so geschwächt, dass er die Worte nicht verständlich wahrnehmen konnte, aber er fühlte, es waren exorzistische Riten, die der Meister an das Wesen richtete. Er hielt in der Hand eine runde Metallscheibe, auf welcher eine Glyphenkonstruktion eingraviert war. Der Blick des Wesens war jetzt auf den Meister gerichtet. Es war wie ein geistiger, magischer Kampf zwischen den beiden. Aber der Ausdruck des Meisters war fest, von einer unerbittlichen Strenge, und doch wieder gütig. Jetzt wurden seine Worte deutlicher und für Renatus vernehmbar, da der Druck der durch die vorherige direkte Einwirkung des Wesens auf ihm lastete nun zu weichen begann.

Er hörte jetzt: „Du hast geduldet genug seit Jahrtausenden und du hast gebüßt. Wir werden dich erlösen:

Im Namen des großen Demiurgen Saturn!

Im Namen des Hüters der Schwelle!

Im Namen des Herrn des großen Karmagesetzes!

Im Namen von Arratron!

Beuge dich dem Gesetz der Vergeltung!"

Die Stimme wurde für Renatus wieder undeutlich. Es folgten ihm unverständliche Zitationen, teils in lateinischer, ägyptischer und hebräischer Sprache. Dann warf der Meister mit einer festen, bestimmten Gebärde die (geladene) Silberglyphe mitten auf das Pergament mit den Worten:

„Ra Hor Kuit! Ex Ora Ra! Du bist nicht mehr!"

Im gleichen Moment stand die routierende (Äther)-Scheibe einen Augenblick still und begann sich dann in entgegengesetzter Richtung rasend zu drehen. Es klang wie ein Schrei unermesslichen Schmerzes. Wie ein grelles Blitzlicht durchzuckte es den ganzen Raum. Es schien Renatus, als wenn der ganze Raum wankte und bebte. Es klang wie das Rollen oder Dröhnen eines Erdbebens. Dann setzte eine plötzliche Stille ein. Die gesamte Bruderschaft saß jetzt ruhig. Die Scheibe stand still. Das Medium lag, wie es schien, entspannt und regungslos.

Renatus hörte noch die letzten Worte des Meisters, mit welchen dieser die magische Zeremonie beendete:

„Ziehe hin in Frieden!"

Da, plötzlich ein Stöhnen. Einer der Brüder, der Bruder Archivar der Loge, war zusammengebrochen. Man eilte ihm zu Hilfe. Die Kapuze fiel von seinem Kopfe, Renatus sah ein ihm unbekanntes Gesicht von einer erschreckenden Hässlichkeit vor dessen Munde Schaum stand. Es war ein greisenhaftes Antlitz. Die dienenden Brüder trugen den Menschen hinaus und auch das Medium, um das sich sofort ein Arzt der Loge bemühte und ihm durch heilende Striche neue magnetische Kraft zuführte und so die entnommene Odkraft ergänzte.

Nach Schluss der Loge erhielt Renatus von seinem Freunde und nun Bruder Kelterborn einige Erklärungen über das Experiment. Es wurde ihm bestätigt, was er schon ahnte, dass bei diesem Experiment metaphysikalische Gesetze von Strahlungsbrechungen verwandt worden waren, denn die Bildung des Wesens geschah genau im Mittelpunkt der bestimmten (ätherischen) Strahlendynamik, zwischen Medium und Scheibe. Mehr wurde ihm von dieser Verbindung von Lichtstrahl und Odkraft nicht verraten.

Leider hatte der eingetretene Zwischenfall ein Opfer gefordert. Renatus nahm einige Tage später an einer Feierlichkeit teil für den noch am gleichen Abend verstorbenen Archivar der Loge. Dieser Bruder war ein einsamer, ganz für sich abgeschlossen lebender Sonderling gewesen, von verkrüppelter Gestalt, der sich auch selbst viel mit magischen Experimenten beschäftigt hatte. Ein Gehirnschlag hatte seinem Leben nun ein Ende bereitet."

Dieses Bild stammt aus dem Logen-Roman „Exorial" von Gregorius und stellt eine Variante des Tepaphons dar, wenn man es in Beziehung mit den Angaben von Herrn Korschelts Äther-Spiralen bringt.

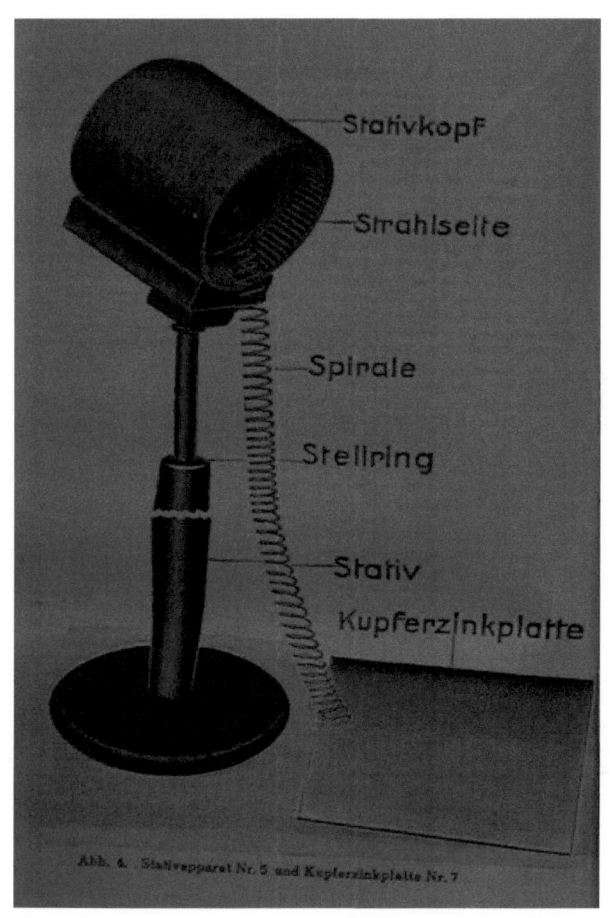

Abb. 6. Stativapparat Nr. 5 und Kupferzinkplatte Nr. 7

Der Strahl-Apparat mit Stativ.

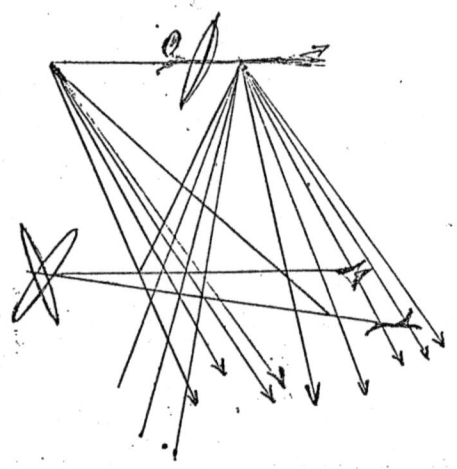

**Dies ist das Tepaphon von Frater Daniel,
welches auf Lupen hinweist.**

Der Berliner Homöopath Martin Perls mit seinen Strahlungsinstrumenten

Strahlentherapie verbunden mit Pendeldiagnose

Diese beiden obigen Bilder weisen ebenfalls auf Strahlengeräte mit Lupen hin. Wenn man dazu den Aufsatz von Frater Johannes über Hochfrequenz-Ströme vergleichend liest, kommt man auf gewissen Parallelen in den verschiedensten Anwendungsgebieten.

Obiger Strahlapparat findet auch seine Verwendung in der FOGC.
Notwendig dazu ist die schöpferische Imagination und die
Beherrschung der Ströme.

Für die schlechte Qualität des Fotos, wofür ich mich entschuldigen möchte, beruht darauf, dass ich dieses Buch nicht im Handel erwerben konnte und ich in der Leipziger Universitätsbibliothek das Foto machen musste.

Quellen:

Gregorius – Exorial
Gregorius – Saturn-Gnosis
Quintscher – Habu Cadis
Hermes – Enthüllte Archive geheimer Wissenschaften
Korschelt – Sonnen-Äther-Strahl-Apparat
Korschelt – Die Nutzbarmachung des lebendigen Äthers
Bardon – Der Weg zum wahren Adepten
O. Votavova – Das Original-Manuskript des Frabato
Lechler – Die Fraternitas Saturni
Remadus – Lebens- und Heilkraft direkt aus dem Weltäther durch Sonnen
      Ätherstrahl-Apparate
Die Weiße Fahne
Die Andere Welt
Zentralblatt für Okkutismus
Marburger Zeitung

Weitere Bücher aus dem Christof Uiberreiter Verlag:

Das goldene Blatt der Weisheit
Seila Orienta/Franz Bardon

Zum ersten Mal in der okkulten Literatur wird die 4. Tarotkarte des Hermes Trismegistos verständlich beschrieben und offengelegt. Sie beinhaltet unbekannte Konzentrations- und Meditationsübungen. Des Weiteren gibt sie Hinweise und erklärt die Unterschiede zwischen Magie und Mystik und Gefahren des einseitigen Weges. Am Ende steht die Verbindung mit der universellen Gottheit, dem Herrn der Sonnensphäre, welcher quabbalistisch „Metatron" genannt wird.

*

5. Tarotkarte – Mysterien des Steins der Weisen
Seila Orienta/Franz Bardon

Dieses Buch stellt die Vorderseite der Alchemie dar, die die einzelnen praktischen Übungsschritte erklärt, ohne die verschlüsselten Mystifikationen der alten Alchemisten auch nur annähernd zu erwähnen, wie man es aus den anderen Büchern des Franz Bardon kennt. Es wird erklärt, dass ohne vollkommene Beherrschung der 4 Elemente keine Alchemie möglich ist. Des Weiteren wird mit den einzelnen Ebenen, mit den Matrizen, dem elektromagnetischen Fluid usw. gearbeitet. Doch den Hauptpunkt stellen die göttlichen Eigenschaften wie z. B. die Allmacht dar, mit denen der Göttliche Stein der Weisen durch gewisse Übungen geladen wird.

*

Talismanologie und Mantramkunde
Seila Orienta/Franz Bardon

Zum ersten Mal werden hier (magisch) geladene Mantrams – Gebetssätze – preisgegeben, welche bei nötiger Reife, Ausgeglichenheit und Reinheit durchdringende Erfolge versprechen. Mantrams sind ja nach Bardon nicht irgendwelche „Suggestionssätze", sondern sie sind Ideenausdrücke, mit denen man mit Mächten, Kräften, Eigenschaften, also Gottheiten, in Verbindung kommen kann. Gleichzeitig werden die dazugehörigen Siegelzeichen der göttlichen Ideen preisgegeben, welche im rituellen

Zusammenhang mit den Mantrams stehen. Ein Buch, das nicht nur die Hermetiker, sondern auch die Anhänger der Yogawissenschaften inspirieren wird!

*
Eine Sammlung der schönsten und lehrreichsten Beschwörungsgeschichten
Hohenstätten

Dieses Buch ist einzigartig, denn es zeigt den zweiten Band von Franz Bardon an Hand von interessanten Evokationsberichten, die genau das bestätigen, was Bardon in seinem Buch geschrieben hat, und noch darüber hinaus. Es werden sensationelle Erlebnisse geschildert, die man sonst niemals findet. Auch aus unveröffentlichten Schriften wird zitiert.

*
Verkörperungen des Meister Arion
Hohenstätten

Man wird beim Lesen dieses Buches nicht glauben, wie viele bekannte und unbekannte Inkarnationen Franz Bardon hatte. Die paar, die im „Frabato" bekannt gegeben wurden, stellen nur einen geringen Teil seiner Verkörperungen dar. Wir mussten, da es dermaßen wenig Literatur über die Verkörperungen gab, wieder Hunderte und Aberhunderte von Büchern, Aufsätzen, Zeitschriften und Artikeln durcharbeiten, bis wir genügend Material für dieses Buch hatten. Aber der Leser wird sich beim Lesen sicherlich über unsere Arbeit freuen, denn sie wird ihn in Erstaunen versetzen!

*
Shamballa, der goldene Tempel des Lichts
Hohenstätten

Dieser Tempel dürfte jeden Leser von Bardons Roman „Frabato" fasziniert haben. Dass es aber in der okkulten Literatur noch viel mehr Informationen darüber gibt, die man aber nur findet, wenn man alles Veröffentlichte gelesen hat, dürfte dem einen oder anderen unbekannt sein. Es wurden wieder ganze Stöße von Büchern durchgesehen und das Ergebnis wird hier veröffentlicht. Es wird aber gleichzeitig darauf hingewiesen, wie viel Schundliteratur es darüber gibt, wie viel Lügen im Umlauf sind, damit sich der Schüler der Hermetik ein klares Bild machen kann. Wir bringen in diesem Buch alles, was wir an Material darüber gefunden haben, und es wird auch noch einiges aus der eigenen Erfahrung, was das Wertvollste ist, mitgeteilt. Nicht nur über den Tempel wird berichtet, sondern auch über die damit verbundene „Bruderschaft des Lichts", deren Sitz er darstellt.

*

Auf der Suche nach Meister Arion
Hohenstätten

Diese Autobiographie eines Schülers der Hermetik des Franz Bardon schildert sein magisches Leben, in welchem zahlreiche Erfahrungen zu den Übungen aus dem Adepten geschildert werden, die die Hauptperson selbst erlebt hat. Es wird der schwere Weg des Adepten aus autobiographischer Sicht gezeigt, seine vielen Tiefschläge, aber auch seine glanzvollen Seiten und Zeiten. Der harte Kampf mit dem Seelenspiegel wird bis in alle Einzelheiten aufgezeigt, genauso wie die vielen anderen Wege, in welche der Autor reinschnupperte, um dadurch reichlich Erfahrung sammeln zu können. Darüber hinaus enthält es unzählige Erfahrungen und Berichte betreffs Mantramistik nach Bardon, die wahre Runenmagie, zahlreiche Evokationen sowie Invokationen mit seinem Lehrer Anion, einen magischen Exorzismus, wie er bisher noch nie öffentlich geschildert wurde. Mentalreisen, Beeinflussungen, Übungen zur Gottverbundenheit, Erscheinungen, Alchemie, Heilungen mit den verschiedensten magischen Methoden z. B. Quabbalah oder durch die Elemente, Schutzgeistevokationen und viele andere magische „Wunder" seines Freundes und Lehrers Anion. Auch einige magische Fotos in Farbe, ein bisher von Bardon unveröffentlichtes Akashafoto von Christus und ein Bild des schwebenden Meister Arion werden in diesem Buch preisgegeben. Der Inhalt ist viel reichlicher, als hier kurz beschrieben werden kann.

*

Magisches Gleichgewicht
Hohenstätten

Dieses Buch zeigt eindeutig, dass in allen anderen Systemen das „Gleichgewicht" genauso gebraucht wird, wie bei Bardons Werken. Er war nicht der Einzige, der das erwähnte, aber er war der erste, der es deutlich erklärte, denn die anderen Systeme sprachen nur durch das Symbol, welches nicht jedem Leser verständlich war. Obendrein bringen wir noch Unveröffentlichtes vom Meister Arion zu dieser Grundlage der magischen

Entwicklung.

*

Das Leben und die Erfahrungen eines wahren Hermetikers
Seila Orienta

Diese Autobiographie eines Magiers ist unübertroffen, denn bis jetzt hat kein einziger okkult Geschulter so offen und ehrlich gesprochen wie Seila Orienta. Er gibt in diesem Werk sein Leben bekannt, sowie seine zahlreichen und äußerst interessanten Erlebnisse und Erfahrungen. Es werden auch zum ersten Mal Fotos von Wesen der Sphären gezeigt, welche Franz Bardon höchstpersönlich in den 1920ern gemacht hat. Des Weiteren schreibt Seila Orienta über die Sphären, über Dämonen, Logenkontakte und vieles, vieles mehr, was einem ehrlich strebenden Hermetiker das Herz übergehen lassen wird.

*

Das Leben des Franz Bardon
Hohenstätten

Dieses Buch beschreibt das Leben des Meisters außerhalb des Frabatos, welches seine Sekretärin – Otti V. – geschrieben hat. Es beinhaltet Erklärungen zu seiner „Biografie", weitere Einzelheiten über den Kampf mit der FOGC, seine Beziehung zu Wilhelm Quintscher und anderen Okkultisten, was alles bisher unbekannt war! Des Weiteren werden viele Erlebnisse seiner Schüler in Prag erzählt, verschiedene magische Leistungen und interessante Geschichten Bardons beschrieben, die bis dato unveröffentlicht sind. Es werden auch seine drei Lehrwerke und deren Wirkung auf die Öffentlichkeit von einem anderen, unbekannten Standpunkt geschildert, welcher durch bisher schwer zugängliche Schriften unterstützt wird. Als Krönung wird seine aus dem Tschechischen übersetzte „Runenschrift" zum ersten Mal veröffentlicht. Auch einige Seiten aus anderen unveröffentlichten Schriften von ihm sowie interessante Fotos des Meister Bardon und seiner Freunde werden hier preisgegeben und vieles, vieles mehr.

*

In Verbindung mit der Gottheit
Hohenstätten

Über das Thema der Gottverbundenheit mit all seinen Formen und

Methoden wurde bis heute noch nie ein Buch verfasst, geschweige denn eine Schrift geschrieben. Man findet in der okkulten wie in der östlichen Literatur nur spärliche Hinweise, die größtenteils verschlüsselt sind oder so geschrieben wurden, dass man sie kaum versteht. Im Gegensatz dazu wird in diesem Buch offen dargelegt, dass das 1. kleine Arkanum der 78 Tarotkarten die Gottverbundenheit in ihrer Reinform darstellt.

*

Hermetische Heilmethoden
Hohenstätten

Dieses Buch stellt in der okkulten Literatur ein absolutes Unikum dar, denn über die Gesamtheit der okkulten Heilmethoden wurde bis jetzt noch NIE etwas Sinnvolles geschrieben. Es werden alle Heilmethoden erwähnt, die der hermetische Schüler mit Hilfe seiner bisher erlangten Konzentrationsfähigkeit ausüben und verwenden kann.

*

Erste hermetische Zeitschrift

„Der hermetische Bund teilt mit" ist eine der wenigen magisch-mystischen Zeitschriften, welche sich soweit als möglich auf die universelle Lehre von Franz Bardon bezieht. Sie versucht sich an die Gesetze des 4-poligen Magneten zu halten und vermittelt Wissen sowie Hinweise für die Praxis, damit der Leser die Möglichkeit hat, sie in seinen hermetischen Weg aufzunehmen und für sich gewinnbringend zu verarbeiten.

Noch viel mehr hermetische Literatur finden Sie auf unserer Website: http://www.hermetischer-bund.com.

Viel Vergnügen beim Stöbern!

Der Verlag